Casa de Oração

volume 1

LANCE LAMBERT

volume 1

REDESCOBRINDO A ORAÇÃO CORPORATIVA

Casa de Oração

série contemporâneos

© 2012 Editora dos Clássicos
Publicado no Brasil com a devida autorização
e todos os direitos reservados por Publicações Pão Diário
em coedição com Editora dos Clássicos.

Traduzido do original em inglês:
My House Shall Be A House of Prayer, de Lance Lambert
Copyright © 2011 Christian Testimony Ministry
Richmond, Virginia (EUA)

Edição: Gerson Lima
Tradução: Helio Kirchheim
Revisão: Paulo César de Oliveira
Coordenação editorial: Gerson Lima
Diagramação: Editora Tribo da Ilha
Capa: Wesley Mendonça

Dados Internacionais de Catalogação na Publicação (CIP)

LAMBERT, Lance.
Redescobrindo a Oração Corporativa – Volume 1
Tradução: Helio Kirchheim
Curitiba/PR, Publicações Pão Diário e São Paulo/SP, Editora dos Clássicos.

1. Oração   2. Religião prática   3. Vida cristã

Proibida a reprodução total ou parcial, sem prévia autorização, por escrito, da editora.
Todos os direitos reservados e protegidos pela Lei 9.610, de 19/02/1998.
Permissão para reprodução: permissao@paodiario.com

Publicações Pão Diário
Caixa Postal 4190,
82501-970 Curitiba/PR, Brasil
publicacoes@paodiario.org
www.publicacoespaodiario.com.br
Telefone: (41) 3257-4028

Editora dos Clássicos
www.editoradosclassicos.com.br
contato@editoradosclassicos.com.br
Telefones: (19) 3217-7089
(19) 3389-1368

Código: B8389
ISBN: 978-65-5350-011-2

1.ª impressão: 2021

Impresso no Brasil

SUMÁRIO

Prefácio à Série Contemporâneos, 7
Prefácio à Edição em Português, 11
Sobre o Autor, 13
Introdução, 15

Capítulo 1.
Características da oração corporativa, 19
Capítulo 2.
Um princípio fundamental na oração corporativa, 43
Capítulo 3.
Maus hábitos que destroem a oração corporativa, 53
Capítulo 4.
A direção do Espírito, 73

Os textos das referências bíblicas foram extraídos da versão Almeida Revista e Atualizada, 2ª edição (Sociedade Bíblica do Brasil), salvo quando houver outra indicação.

Quando não houver outra indicação, as notas de rodapé e os acréscimos entre colchetes são da edição brasileira.

PREFÁCIO À SÉRIE CONTEMPORÂNEOS

Ao estudarmos com cuidado as Escrituras, constatamos que Deus tem um propósito bem definido: fazer todas as coisas convergirem em Cristo, para que Ele seja cabeça e conteúdo de tudo. Toda Sua obra, ao longo dos séculos, é o desenvolvimento progressivo desse propósito. Em Gênesis temos a semente, nos profetas seu cultivo, nos evangelhos seu fruto, que é Cristo, em Atos e nas Epístolas a multiplicação do fruto na Igreja e em Apocalipse a colheita (Cristo glorificado nos Seus santos).

  Deus sempre encontrou homens fiéis e por meio deles pôde levar Seu propósito adiante, de modo que cada geração procurou ser fiel ao Seu momento. Agora, estamos no tempo final que antecede a vinda de Seu Filho e nossa responsabilidade aumenta ainda mais como herdeiros de tudo que Ele conquistou ao longo dos séculos. Deus trabalhou pensando no fim, na colheita final.

Louvamos a Deus por recebermos a contribuição de muitos dos Seus servos do passado. No entanto, corremos o risco de nos prender ao que Ele fez no passado e ignorar o que está fazendo agora, de supervalorizar Seus servos do passado e menosprezar os que Ele usa no presente. Saber o que Ele fez nas gerações passadas é nossa obrigação, mas não saber o que está fazendo hoje seria nossa cegueira; estaríamos atrasados quanto ao progresso da Sua obra. Herdar o que Deus fez ao longo da história é nossa riqueza e glória, mas não sermos responsáveis com essa herança no presente seria nossa pobreza e reprovação.

A glória dos servos do Senhor no passado foi preparar os santos e novos ministérios para levarem adiante a Sua obra, de maneira que o rio da revelação divina que procede do Seu trono pudesse permear todos os recônditos da Terra. No entanto, sempre que essa responsabilidade foi ignorada pela geração dos mais velhos, a geração dos mais novos foi enfraquecida, o fluir do Espírito foi estancado e a obra de Deus sofreu danos.

Com o encargo de valorizar o que Deus tem feito em nosso tempo e cooperar com o ministério da Palavra atual é que a EDITORA DOS CLÁSSICOS está iniciando a *Série Contemporâneos*.

Com essa série o Senhor também nos desafia a nos unirmos a Ele para vencermos dois "gigantes" que tanto transtornam a edificação da Igreja como Seu Corpo: "Não há profeta sem honra, senão na sua terra, entre os parentes e na sua casa" (Mc 6.4); o etnocentrismo espiritual, um espírito de engano que não apenas promove exclusivismo sectário como também a crença na supremacia do seu grupo étnico, a autodestruição pelo isolamento e o ataque aos que pensam diferente. Que possamos, assim, valorizar os obreiros contemporâneos, bem como sermos complementados e enriquecidos com as diversidades de contribuições no amplo Corpo de Cristo.

Entregamos nas mãos do Senhor esta *Série Contemporâneos* e oramos para que, em Sua providência, possamos publicar novas obras com real valor espiritual e promover novos autores contemporâneos.

Pelos interesses de Cristo,

Gerson Lima
Monte Mor, 20 de setembro de 2012

PREFÁCIO À EDIÇÃO EM PORTUGUÊS

Quando estava em Halford House, em Richmond, Inglaterra, Lance Lambert ministrou uma série de mensagens sobre a escola de oração, cuja ênfase é a necessidade de oração coletiva, algo tão pouco compreendido e tão pouco ensinado hoje. O fato de poucos líderes enfatizarem essa necessidade e poucos livros terem sido publicados sobre o assunto revela que a oração corporativa, e mais especificamente a oração intercessória, como um ministério da Igreja, é uma das maiores urgências de nosso tempo, senão a maior.

Como Lance Lambert ressaltou: "Eu não acredito que tenha havido um tempo em nossa história em que mais precisamos conhecer sobre intercessão. (...) Temos de ouvir o clamor de Deus: 'Busquei entre eles um homem que tapasse o muro e se colocasse na brecha perante mim, a favor desta terra, para que eu não a destruísse; mas a ninguém achei' (Ez 22.30). Esse é o chamado e o desafio do Senhor. Haverá alguém disposto a responder a eles?".

Louvamos ao Senhor por abrir os olhos de muitos de Seus filhos nesse tempo para verem a Igreja como Corpo de Cristo, ou como Sua noiva, ou Seu edifício. No entanto, Ele também declarou: "A minha casa será chamada casa de oração para todas as nações" (Mc 11.17). Por isso, a Editora dos Clássicos publica esta obra, considerada a melhor, a mais profunda e ao mesmo tempo prática em seu gênero, com o propósito de também sermos edificados como Sua casa de oração.

Originalmente ela foi publicada em um único volume, mas com o propósito de torná-la uma ferramenta indispensável para o estudo em grupo, com o menor custo e acessível ao maior público possível, foi dividida em quatro volumes.

Em Suas mãos confiamos esta obra. Que, em Sua graça, sejamos Seus discípulos aprovados em Sua escola de oração.

Os Editores
Monte Mor, SP, 16/10/2012

SOBRE O AUTOR

Atualmente Lance Lambert é um dos mais notáveis eruditos da Bíblia e conferencista em Israel, atuando por meio de um ministério itinerante mundial de ensino da Palavra.

Nascido em 1931, Lance cresceu em Richmond, Surrey, na Inglaterra, e conheceu o Senhor aos doze anos de idade. Ele frequentou o curso de estudos africanos e orientais na Universidade de Londres a fim de se preparar para um trabalho missionário na China. Estudou chinês clássico, mandarim, filosofia oriental e história do Extremo Oriente, mas a revolução chinesa fechou as portas para os missionários europeus e consequentemente à sua entrada nesse país.

No início dos anos 50 Lance prestou o serviço militar na Força Aérea britânica estacionada no Egito e mais tarde fundou a Associação Cristã Halford House em Richmond.

Tendo descoberto seus antepassados judeus, ele se tornou cidadão israelense em 1980 e hoje mora próximo à Velha Jerusalém. Seu pai e alguns membros de sua família foram vítimas do Holocausto.

Lance Lambert é reconhecido por seu ponto de vista escatológico, que o coloca no mesmo patamar de Watchman Nee e T. Austin-Sparks. Ele produz um periódico trimestral gravado em áudio muito conceituado, o *Middle East Update*, que transmite sua visão única sobre os atuais acontecimentos no Oriente Médio à luz da Palavra de Deus.

Lance escreveu muitos livros, entre eles *A Importância da Cobertura* e *Minha Casa será Chamada Casa de Oração* (quatro volumes) publicados por esta editora, *The Uniqueness of Israel* (A singularidade de Israel), e é o apresentador do vídeo *Jerusalém, a cidade da aliança*.

INTRODUÇÃO

O Senhor Jesus descreveu as condições do mundo por ocasião da Sua volta quando profetizou: "Haverá sinais no sol, na lua e nas estrelas; sobre a terra, angústia entre as nações em perplexidade por causa do bramido do mar e das ondas; haverá homens que desmaiarão de terror e pela expectativa das coisas que sobrevirão ao mundo; pois os poderes dos céus serão abalados. Então, se verá o Filho do Homem vindo numa nuvem, com poder e grande glória. Ora, ao começarem estas coisas a suceder, exultai e erguei a vossa cabeça; porque a vossa redenção se aproxima" (Lc 21.25-28).

Se considerarmos com mente sã e sóbria a descrição que o Senhor fez do final dos tempos, teremos de reconhecer que, com toda probabilidade, estamos no começo desse período. Em outra profecia, Ele Se referiu às revoltas, tumultos, conflitos e desastres naturais como o princípio das dores do reino vindouro. Na profecia mencionada, Ele declarou: "... ao começarem estas coisas a suceder, exultai e erguei a vossa cabeça; porque a vossa redenção se aproxima".

Se isso é verdade, então nunca antes houve um tempo em que a oração e a intercessão efetivas fossem mais estratégicas, mais necessárias e mais essenciais do que agora. Em relação à volta do Senhor e aos eventos que a precederão, Ele nos ordenou enfaticamente *vigiar e orar* e fazer súplicas a Ele. O triste fato é que a Igreja nas nações ocidentais é, em geral, complacente; está morna, indiferente, como a igreja de Laodiceia. Nesta época de crise e confusão, quando se precisa de mais intercessão genuína do que o normal, a Igreja está sem vigor. A intercessão corporativa é uma arte quase totalmente perdida – e exatamente quando mais precisamos dela!

Para aqueles que têm um ouvido para ouvir o Senhor, ouvimos Seu clamor do coração: "Busquei entre eles um homem que tapasse o muro e se colocasse na brecha perante mim, a favor desta terra, para que eu não a destruísse; mas a ninguém achei" (Ez 22.30). Esse é o chamado e o desafio do Senhor. Haverá alguém disposto a responder a eles?

Essa é a razão de ser deste livro. Ele é fruto de uma série de mensagens ministradas alguns anos atrás, sob o título "Escola de Oração", nas comunidades em Halford House, Richmond, Surrey, Inglaterra. Em uma série de lugares em diferentes partes do mundo eu ministrei Escolas de Oração similares. Toda vez demos ênfase à necessidade de oração e intercessão corporativas, que são tão pouco entendidas e tão pouco ensinadas.

O grande perigo deste livro é que pode ser usado como uma planta, como um livro de "método" de oração, uma metodologia para orar e interceder, ou uma espécie de "livro-padrão" de oração. Começar grupos de intercessão e oração corporativas é algo excelente, mas estabelecê-los de forma legalista, baseados neste livro, conduzirá à morte. Na verdade, eu sempre me recusei a ministrar uma Escola de Oração a não ser que o povo de Deus naquele lugar já estivesse orando junto. Nesses grupos sempre havia alguma experiência de oração e intercessão corporativas, por mais pobre que ela fosse. Daí as coisas ensinadas se tornavam uma poda para o que era desnecessário, uma detecção do que estava errado, um encorajamento ao que estava certo e um desafio para avançar na oração e intercessão corporativas. Em toda a agitação que está acontecendo no mundo todo em todos os níveis, que o povo de Deus ouça Seu chamado à oração e intercessão corporativas e aceite Seu desafio. Esperamos que o Senhor abençoe e use este livro para a realização desse propósito.

Quero agradecer aos que me ajudaram a produzi-lo. Nathan Gosling, que digitou o manuscrito e fez sugestões úteis e muito mais! Richard Briggs e Benjamin Chase, que cuidaram de todos os assuntos práticos relacionados à casa, à cozinha e ao jardim, em Naxos, Grécia. Finalmente, quero agradecer a Joshua Fiddy e a Ernesto Schintu, que cuidaram da minha casa em Jerusalém enquanto estivemos escrevendo o livro.

Lance Lambert,
Jerusalém, março de 2011.

CAPÍTULO **1**

CARACTERÍSTICAS DA ORAÇÃO CORPORATIVA

1 Timóteo 2.1-4 — Antes de tudo, pois, exorto que se use a prática de súplicas, orações, intercessões, ações de graças, em favor de todos os homens, em favor dos reis e de todos os que se acham investidos de autoridade, para que vivamos vida tranquila e mansa, com toda piedade e respeito. Isto é bom e aceitável diante de Deus, nosso Salvador, o qual deseja que todos os homens sejam salvos e cheguem ao pleno conhecimento da verdade.

Este livro não trata da oração particular ou pessoal, mas sim da oração corporativa; e, embora faça referências aqui e ali à oração particular, serão poucas citações. Vou me restringir ao assunto da oração corporativa, que é tão pouco compreendida e tão pouco ensinada. Sem dúvida, parece que é uma arte quase totalmente perdida. Por exemplo, quase não há nenhum livro escrito sobre a oração corporativa. Há um sem-número de livros a respeito da oração pessoal e sobre a devoção particular, mas conheço apenas três livros sobre a oração corporativa. Um é *Prayer in the Spirit*[1], de Arthur Wallis, e mesmo esse trata mais da oração pessoal do que corporativa. O segundo é um livro de Stephen Kaung, chamado *Teach us to Pray*[2], extremamente valioso. O terceiro é um livro de Watchman Nee, chamado *O Ministério de Oração da Igreja*[3]. Este é um livro simples, mas claro, sobre a necessidade de oração corporativa, e eu o recomendo veementemente.

Outro livro muito valioso e útil sobre a intercessão corporativa é *Helps to Intercession and Spiritual Warfare*[4], de Pat Hughes e Gay Hyde. Outro livro valioso que ilustra os princípios da oração corporativa é a biografia de Rees Howells, escrita por Norman Grubb, *Rees Howells, Intercessor*[5]. É uma ilustração viva da oração corporativa, e especialmente da intercessão corporativa, extraída da vida de um homem e da comunidade do povo de Deus que se reunia em Derwen Fawr, no País de Gales.

---

[1] *Orar no Espírito*, ainda sem tradução em português (N. do T.).

[2] *Ensina-nos a orar*, ainda sem tradução em português (N. do T.).

[3] Já traduzido pela Editora Vida, mas atualmente fora de catálogo (N. do T.).

[4] *Auxílios para a intercessão e a batalha espiritual*, ainda sem tradução em português (N. do T.).

[5] Publicado pela Editora Betânia (N. do T.).

Creio ser útil definir já no início deste livro o que pretendemos dizer com os termos *oração e intercessão corporativas*. Fica evidente pelo uso da palavra "corporativo" que é a oração e a intercessão do corpo de Cristo, a Igreja. Os membros do Seu corpo estão em vivo relacionamento com o Cabeça, o Senhor Jesus, sob a direção do Espírito de Deus em oração e intercessão. São necessárias, no mínimo, duas pessoas. Podem ser dez, ou vinte, ou cinquenta, ou mais, empenhadas em oração ou intercessão corporativa. Não é possível ser corporativa se um filho de Deus está sozinho.

É um fato triste que se pode contar nos dedos de uma mão os grupos, até mesmo os carismáticos, que realmente sabem como orar. É evidente, deve haver grupos que eu desconheço, mas penso que isso é uma triste evidência da perdida arte da oração corporativa. Há muitas reuniões de oração, mas há muito poucos grupos de crentes que realmente sabem como conduzir-se em conjunto em oração, sob a liderança do Espírito Santo, e como orar a respeito de um assunto até obter resposta de Deus.

Os poderes das trevas têm operado tão insidiosa e poderosamente, que muitas reuniões de oração se parecem com qualquer coisa, menos com reuniões *de oração*. Em muitas delas a oração é anexada ao fim de um estudo bíblico. (Alan Redpath costumava dizer, anos atrás, que se você mantém o estudo bíblico e a reunião de oração na mesma noite, não faz nem um estudo bíblico apropriado, nem uma reunião de oração adequada.) Às vezes, são apenas dez minutos ao final da reunião da noite. Outras vezes, dá-se uma tremenda quantidade de informações na reunião de oração e se desperdiça o tempo de oração, restando apenas dez ou quinze minutos para orar. Há também semanas em que os crentes de diferentes congregações se reúnem para oração corporativa. No final, concedem-se 45 ou 50 minutos para ministrar sobre a oração, deixando apenas de 15 a 30 minutos para orar.

NOSSA LUTA NÃO É CONTRA CARNE E SANGUE

Há grupos inteiros do povo de Deus que estão paralisados ou bloqueados pelos poderes das trevas, e a obra de Deus se torna extremamente ineficaz. Porque, gostemos disso ou não, a Palavra de Deus nos diz: "... a nossa luta não é contra o sangue e a carne, e sim contra os principados e potestades, contra os dominadores deste mundo tenebroso, contra as forças espirituais do mal, nas regiões celestes" (veja Efésios 6.12). Somos orientados a nos revestir de toda a armadura de Deus e, depois de fazer tudo, permanecer firmes. E devemos empunhar a espada do Espírito e orar em todo tempo com toda oração e súplica no Espírito.

Muitas vezes pensamos que estamos encarando apenas carne e sangue. Vemos a apatia da nossa vizinhança; vemos a indiferença do povo à nossa volta; vemos alguma dureza contra todos os esforços evangelísticos. Às vezes encontramos cristãos problemáticos em posições-chaves, que parecem bloquear tudo. Então frequentemente concluímos que é *carne e sangue* que são o empecilho. Às vezes cremos que é o próprio pastor, algum outro líder na congregação ou algum filho de Deus que se extraviou de alguma forma. Nossa mentalidade é que é sempre carne e sangue que são a raiz do problema. É claro, o inimigo usa a carne e o sangue, mas a Palavra de Deus nos diz: "... a nossa luta não é contra o sangue e a carne, *e sim* contra os principados e potestades, contra os dominadores deste mundo tenebroso, contra as forças espirituais do mal, nas regiões celestes".

PRINCIPADOS, PODERES E DOMINADORES DESTE MUNDO

O que são *principados* e *poderes?* Os principados são príncipes ou governadores, que não têm corpo físico, mas são seres espirituais. Poderes são autoridades. O que são *os dominadores deste mundo tenebroso?* Significa que, por trás da carne e do sangue, por trás das ideologias, por trás das novas filosofias, por trás das novas correntes ideológicas, há poderes espirituais que governam o presente mundo espiritual tenebroso e mantêm presos milhares de pessoas. Pode ser religião falsa ou filosofia falsa. Comunidades civis inteiras, mesmo nações, podem ser mantidas em cativeiro nas trevas por esses poderes espirituais. Mesmo novas correntes ideológicas que contradizem a Palavra de Deus podem ser resultado das autoridades espirituais ou governadores do mundo espiritual. As igrejas locais podem ser sujeitadas a um bloqueio e finalmente paralisadas e exterminadas pelo inimigo. Se os queridos filhos de Deus não despertarem, o inimigo se infiltrará entre eles e sufocará toda e qualquer vida ou poder espiritual. Esses príncipes, esses poderes, esses dominadores do mundo tenebroso são os grandes seres espirituais com os quais lutamos. Mesmo se considerarmos esse assunto como algo mínimo, a verdadeira Igreja de Deus e o crente verdadeiro estão lutando com poderes espirituais da maldade, exércitos de espíritos maus nos lugares celestiais. Será isso um conto de fadas de um passado distante, quando as pessoas acreditavam em duendes e em demônios? Ou isso é a Palavra de Deus revelando a verdadeira natureza da nossa luta? Como o povo de Deus redimido no século 21, se não acordarmos para a real natureza da batalha, estamos fadados a fracassar em todos os nossos esforços e a tornar-nos no final meras baixas espirituais.

Depois de tudo, o apóstolo Paulo não disse: "Estamos participando de um campeonato de tênis contra Satanás", mas: "... a nossa *luta*... é contra... os principados e potestades, contra os dominadores deste mundo tenebroso, contra as forças espirituais do mal, nas regiões celestes". A luta é um esporte rude, grosseiro. Não é como o tênis, que é educado e complexo, em que se bate na bola para cá e para lá, de um lado para outro, e se marcam os pontos, dizendo: "Hoje fizemos um bom jogo;

vencemos o adversário". O Espírito Santo, por meio do apóstolo Paulo, usa essa ilustração de um esporte mais violento e rude – a luta livre. Isso implica muito suor e, às vezes, até sangue. Significa que o oponente pode forçar seu braço torcendo-o para trás, ou quase quebrar a sua perna, ou arremessá-lo para o outro lado do ringue e em seguida pular sobre você com toda força.

SOLDADOS ESPIRITUAIS EM UMA BATALHA ESPIRITUAL

Contudo, há muitos cristãos que parecem não ver as coisas dessa forma. Eles creem que a vida cristã deveria ser um passeio alegre e que deveríamos ter uma experiência continuamente maravilhosa e animada. Se houver qualquer senso da presença do inimigo, então alguma coisa deve estar errada. Ora, temos de dar graças ao Senhor pelas experiências maravilhosas e arrebatadoras que temos da parte d'Ele, pelas bênçãos espirituais com que somos abençoados em nosso Senhor Jesus, e que são normais na vida e na obra cristãs.

No entanto, somos soldados espirituais em uma batalha espiritual, e o fato de haver momentos em que os seres espirituais atacam a nós e à obra do Senhor não é evidência de que estejamos no lugar errado ou no caminho errado. De fato, isso pode ser evidência de que estamos no centro da Sua vontade. Há momentos em que esses poderes das trevas tentarão nos impedir ou nos sitiar, tentarão nos atrapalhar ou nos manter sob um forte domínio. Se, contudo, você já assistiu a uma luta livre, saberá que ela não foi ganha só porque um peso-pesado está sentado sobre outro peso-pesado. Aquele que está por baixo, em desvantagem, pode levantar-se e acabar vencendo a luta.

A INTERCESSÃO É A CHAVE PARA NEUTRALIZAR O INIMIGO E PROGREDIR NO REINO DE DEUS

E então, o que significa lutar com essas forças? É evidente que significa que em algum lugar deve haver um ministério de intercessão. Antes que alguma comunidade se abra para o poder e a obra de Deus, alguns crentes precisam ficar nos bastidores e neutralizar o inimigo. Nosso Senhor Jesus disse: "Ou como pode alguém entrar na casa do valente e roubar-lhe os bens sem primeiro amarrá-lo? E, então, lhe saqueará a casa" (Mt 12.29).

Nossa tendência é pensar que, se tivermos uma boa pregação ou uma cruzada evangelística bem-organizada, as pessoas automaticamente serão libertas e salvas. Mas é possível ter tudo isso e descobrir que nos encontramos face a face com uma parede intransponível. Quanto mais uma obra é espiritualmente vital, mais provável será que o inimigo tente infiltrar-se, atrasá-la e neutralizá-la. Ele não ficará parado, deixando que você aja livremente, se houver alguma chance de que você o vencerá de uma forma forte e permanente. As várias vezes que o Espírito de Deus agiu poderosamente na história das nações são evidência suficiente desse fato.

Por essa razão, temos de entender este simples fato: não há assunto mais estrategicamente vital para a verdadeira Igreja e para a obra de Deus do que o da oração corporativa. Nos dias vindouros, durante a última fase da história mundial, precisamos saber como orar em conjunto. Além do mais, se a real perseguição vier nas décadas vindouras e se perdermos a liberdade, então precisamos saber como podemos avançar juntos e ver o cumprimento do propósito de Deus mesmo em tempos de grandes dificuldades.

APRENDER AS LIÇÕES DA ORAÇÃO CORPORATIVA

Precisamos aprender as lições da oração e da intercessão corporativas agora, enquanto temos tempo. Seremos achados em falta no dia da crise, a não ser que o Espírito de Deus imprima em nós essas lições. Por isso, é preciso que os cristãos mais novos, bem como aqueles que são mais maduros no Senhor, aprendam essas lições, por mais duras ou custosas que sejam. Alguns de nós, que somos mais velhos, adquirimos maus hábitos de oração a ponto de terem se tornado uma segunda natureza para nós. Se percebemos estar nessa condição, muitas vezes pensamos que é impossível aprender a forma correta de orar juntos. Apesar disso, o Senhor pode conservar tudo o que há de melhor e valioso em nossa experiência e pode vencer todos os maus hábitos se apenas confiarmos n'Ele e estivermos abertos à correção do Espírito Santo. O fundamento de todo aprendizado é ser manso. No momento em que um crente diz que não precisa de correção ou aperfeiçoamento, ele para de aprender.

Não é que eu queira que você engula tudo o que escrevo, mas que avalie o que lê e o apresente ao Senhor, perguntando o que serve para você. Permita que Ele faça uma seleção em seu coração. Meu desejo é simples! Precisamos aprender como usar essa arma colossal e efetiva que Deus pôs nas mãos da Sua Igreja.

QUATRO TIPOS DE ORAÇÃO

Em 1 Timóteo 2.1 o apóstolo Paulo define quatro tipos de oração que cobrem todos os aspectos da oração. É interessante que cada uma dessas quatro palavras aparece no plural – súplicas, orações, intercessões, ações de graças. Além disso, Paulo, pelo Espírito Santo, acha-se tão cheio de preocupações a respeito da importância desse assunto, que encoraja e exorta o povo de Deus a orar. Ele vê a oração e a intercessão como assunto de suprema importância para a saúde da Igreja e para o progresso da obra de Deus.

Súplicas

O primeiro aspecto da oração é a palavra traduzida como *súplicas*. Ela originalmente significa "uma necessidade". A Versão Revista e Atualizada, a Tradução Brasileira, a Versão Melhores Textos, a Almeida Século 21 e a Nova Versão Internacional usam a palavra *súplicas*. Já a Versão Revista e Corrigida e a Edição Corrigida e Revisada Fiel ao Texto Original usam a palavra *deprecações*. A razão é que a palavra significa, primariamente, uma necessidade, e então um pedido, uma súplica ou um rogo para o suprimento dessa necessidade.

Não é simplesmente pedir algo a Deus; é mais do que isso. É um sincero apelo, rogo ou súplica ao Senhor para que possamos compreender Sua mente e vontade. Essa é a melhor maneira de entender a palavra "súplicas". Por causa de uma necessidade, há um apelo ao Senhor, uma súplica sincera a Ele para que mostre Sua vontade a respeito daquela necessidade.

Por que tantas orações não têm efeito nenhum? Por que tantas vezes, depois da reunião de oração, quando conversamos, precisamos afirmar: "Deus *realmente ouve* as orações"? Isso acontece porque há um testemunho em nosso espírito que diz que a maioria dessas orações que fizemos não passou do teto. O problema é que nós não paramos um momento sequer para perguntar ao Senhor o que Ele quer que oremos. Em vez disso, mergulhamos de imediato na oração, sem nenhuma direção do Espírito de

Deus. Por essa razão, as súplicas são o primeiro aspecto da oração, porque, obviamente, são o fundamento de tudo. Se não inquirirmos insistentemente diante do Senhor sobre as necessidades urgentes que nos desafiam, jamais conheceremos Sua mente a respeito delas. Por isso, pelo fato de não conhecermos Sua mente, acabaremos dando voltas na oração, falando muito e não chegando a lugar nenhum.

Consultar o Senhor é fundamental em toda oração. Não podemos orar corretamente nem usar as armas da nossa guerra, que Ele supriu, a não ser que primeiro conheçamos a mente do Senhor sobre o assunto. Então o Espírito de Deus nos guiará às Escrituras que devemos usar. Quando tivermos consultado o Senhor, e Ele nos tiver dado a espada do Espírito, que é a Sua Palavra, não teremos mais de andar às tontas. Não precisamos gastar meia hora fazendo barulho ou mencionando todo tipo de frase bíblica agradável, mas que não são pertinentes à necessidade atual.

Às vezes o Senhor dá essa palavra a uma pessoa, e o que temos de fazer é levantar e acolhê-la assim que a recebemos. O Espírito Santo, então, nos dará toda a percepção a respeito dela. Seremos capacitados a orar de modo completo a respeito da situação com essa Palavra vinda de Deus. Ela é a espada do Espírito, concedida a nós para penetrarmos no problema.

O fato é que você não pode simplesmente escolher um texto bíblico qualquer e insistir nele até tornar-se realidade. Você precisa consultar o Senhor; e quando faz isso, e ouve claramente em seu espírito (e não em sua alma) o "sim" de Deus, o Espírito gera a fé viva em você. Só então você pode avançar. A sua mente talvez seja assaltada por dúvidas inculcadas pelo inimigo, mas em seu coração não há dúvida nenhuma. Você ouviu o "sim" do Senhor. Por isso, precisamos consultar o Senhor e conhecer a Sua mente e vontade a respeito de todo tipo de assunto. Essa é a razão por que esse assunto das súplicas é absolutamente fundamental. Eu acho que não há mais nada que se possa dizer para enfatizar esse assunto da necessidade das súplicas. Esse é infelizmente o elo perdido em tantos ministérios de oração corporativa.

O Senhor não nos fará esperar indefinidamente. Ele apenas espera que cheguemos a Ele com uma atitude de indagação, e então dirá: "Aqui está a resposta". Pode ser um entendimento mais claro da necessidade e a Palavra que Ele quer que usemos a respeito dela. Temos a ideia de que o Senhor é como nós e que precisamos bajulá-lO, incentivá-lO e mantê-lO com bom humor. Uma vez que Ele está nesse bom humor, podemos extrair d'Ele tudo o que desejamos. Contudo, o Senhor não é assim; Ele está mais interessado em certas situações do que nós estamos. Ele apenas aguarda um espírito de indagação, e então, às vezes quase imediatamente, dá claramente a orientação. Não devemos lidar com a oração como um macaco em casa de louça ou como um tanque de guerra arrasando tudo. Precisamos ficar quietos e aguardar n'Ele e por Ele. Precisamos simplesmente perguntar qual é a Sua mente nesse assunto. Como devemos orar? Qual é a palavra que Deus quer nos dar? Qual é a arma correta que devemos usar?

UM EXEMPLO DE SÚPLICA EM AÇÃO

Lembro-me de um incidente, vários anos atrás, quando os presbíteros de Halford House costumavam reunir-se para orar toda segunda-feira à noite para buscar o Senhor. Chegou o momento em que cada um da comunidade podia apresentar suas necessidades, ou problemas, ou fazer os seus comentários. Certa segunda-feira, uma irmã muito querida havia telefonado para dizer: "Eu sei que esse momento se destina às pessoas da comunidade, mas eu tenho uma amiga aqui que está com uma necessidade muito grande. Será que ela poderia ir até aí para conversar com você?". Dissemos a ela que essa amiga podia vir.

Essa amiga querida tinha intimidade com o Senhor e era uma bênção para os outros. Com a finalidade de alcançar pessoas em grande necessidade, ela havia decidido mudar para uma área decadente da cidade onde ela morava. Ela nos contou que frequentara uma Escola Bíblica e que sentira fortemente que o Senhor a chamava para essa tarefa de devotar-se a alcançar as pessoas necessitadas daquela cidade e que fora abençoada por Ele nesse trabalho. Então, de repente, percebeu que Deus não falava mais com ela por meio da Bíblia. Na verdade, sentiu que o Senhor tinha parado de falar com ela; e mesmo quando participava de um tempo de comunhão com os irmãos, percebeu que tudo o que era dito entrava num ouvido e saía pelo outro. Ela ficou mais e mais aflita, achando ter cometido o pecado imperdoável contra o Espírito Santo. A situação ficou tão difícil, que ela se sentia tentada ao suicídio. Foi nessa ocasião que ela passou alguns dias com a sua boa amiga. Ouvimos toda a história e nos perguntamos que tipo de atividade demoníaca poderia estar envolvido no caso. Por que essas coisas aconteciam com ela? Nossa irmã não podia apontar nada que tivesse feito de errado ou algum pecado que tivesse cometido.

Uma vez que nosso costume era sempre começar pedindo sabedoria ao Senhor, nós O buscamos, consultando-O sinceramente a respeito da necessidade dessa irmã. Consideramos que a sua situação era desesperadora, visto que havia quase cometido suicídio. Ela pensava ter cometido o pecado imperdoável, e essa era a razão por que Deus não falava com ela. Consideramos que deveríamos interceptar toda e qualquer influência e manipulação satânica naquelas circunstâncias. Quando estávamos orando por ela, um de nossos queridos irmãos disse: "O Senhor está me dizendo alguma coisa, mas não consigo entender. Água, água, água; está na água". Pensei que talvez ele tivesse perdido o juízo, pois eu não podia ver nada na situação da nossa irmã que tivesse alguma coisa a ver com água. Contudo, por causa dessa palavra, perguntei a ela: "Por que você está usando óculos escuros?". Ela disse que era por causa das dores de cabeça quando ficava exposta a luz forte. Ela disse: "Se você quiser que eu os jogue fora, eu jogo". Mas eu repliquei: "Não, por enquanto pode usá-los". Continuamos a orar e, em nome de Jesus, desligamos as influências demoníacas, suplicando a sua libertação e cura. Ela foi claramente tocada pelo Senhor e voltou depois de alguns dias à cidade onde morava, mais aliviada e alegre. Parecia que o Senhor a tinha libertado.

Não mais de uma semana ou duas depois da sua volta àquela cidade, todos os velhos problemas retornaram, e mais uma vez ela se sentiu tentada a tirar a própria vida. Ela pensava que recorrer a nós em Halford House era, por assim dizer, seu último refúgio e que agora não havia mais esperança. Então ela se lembrou da palavra de nosso irmão: "Água, água, água; está na água". E decidiu levar uma garrafa de água do seu apartamento para um laboratório para examiná-la. Em poucas horas estavam à sua procura. Havia um volume incrivelmente alto de um produto tóxico na água. Ela estava sofrendo envenenamento agudo provocado por chumbo, que lhe desorientava por completo a mente e lhe tirava o bem-estar. Quando as autoridades sanitárias a retiraram do lugar onde ela vivia e a instalaram num outro lugar, ela começou imediatamente a recuperar-se.

Esta é uma ilustração bastante dramática da necessidade das súplicas ou da sincera busca a respeito de uma necessidade desesperadora. Se não tivéssemos buscado o Senhor, jamais teríamos recebido a palavra a respeito da água. E se a saúde dela recaísse outra vez, ela bem poderia ter cometido suicídio. Em vez disso, o Senhor interveio e a libertou.

Orações

A segunda expressão é traduzida pela palavra *orações*. Literalmente, significa "derramar". É a palavra mais usada para oração no Novo Testamento. Derramam-se todas as necessidades que se tem, todas as dores, todos os sentimentos. É simplesmente uma petição a Deus. Tiago disse: "Nada tendes porque não pedis" (Tg 4.2). Essa é a palavra mais abrangente e inclui todos os tipos de oração – desde um derramar das tribulações da alma até o pedido que Deus supra as necessidades de alguém. Também pode significar o pedido a Deus em favor de grandes assuntos que dizem respeito ao Seu propósito e à Sua vontade. Charles T. Studd costumava dizer: "Por que pedir ao Senhor um ovo se você pode pedir-Lhe um elefante?". Em outras palavras, peça coisas grandes, conforme a fé que você tem. Se não for a vontade do Senhor, Ele dirá: "Não!".

A oração é, basicamente, "uma empreitada às vezes bem-sucedida, outras vezes não". Talvez você não saiba qual é a vontade de Deus ou qual é o Seu propósito, mas derrama seu coração. Amy Carmichael costumava dizer: "Ele pode dizer: 'Sim', ou pode dizer: 'Não', ou ainda pode dizer: 'Espere'". Quando ela era pequena, vivendo num lar cristão, não gostava da cor dos seus olhos castanhos. Ela ouvira seus pais dizendo que o Senhor Jesus podia fazer qualquer coisa, que para Ele não havia nada impossível. Ela, então, pediu insistentemente que Ele mudasse os seus olhos para azul. Mas Ele não atendeu. Muitos anos depois, quando resgatava menininhas dos templos de prostituição, ela entendeu por que o Senhor nunca respondeu à sua oração por olhos azuis. Vestida com seu sari, olhos castanhos, ela se misturava perfeitamente à multidão indiana.

Essa palavra inclui o tipo de oração que em geral encontramos entre os crentes. Não é preciso saber qual é a vontade do Senhor, mas você pode simplesmente derramar seu coração e pedir socorro a Ele. No entanto, isso não significa que o Senhor despreze esse tipo de oração. Ana, estéril, cheia de emoções e sentimentos, derramou o coração diante do Senhor. As suas emoções eram tão fortes e dominantes, que Eli pensou que ela estivesse embriagada. O Senhor, contudo, ouviu-a e Se compadeceu da sua esterilidade. Ela gerou um dos grandes profetas de Israel – Samuel, que foi levantado num dos principais momentos decisivos da história de Deus. Ana até chamou seu bebê de Samuel, "pedido a Deus".

Pode parecer a algumas pessoas que eu fui bastante duro naquilo que disse a respeito das reuniões de oração e do entendimento geral a respeito da oração no meio cristão de hoje. Não é que o Senhor rejeita o tipo de oração corporativa a que nos acostumamos; é que simplesmente ela se encontra num nível de jardim de infância. Na Sua graça, Ele vê o coração e responde de acordo com isso. Por outro lado, muitas vezes não passa de um ritual e de um exercício religioso em que o Espírito Santo é completamente desconsiderado.

Intercessões

A terceira expressão é traduzida como *intercessões*. A palavra usada aqui tem a ideia de pedir a um superior, um rei, um magistrado ou a um príncipe; alguém que possui autoridade. Originalmente, a ideia era que você pedia a um superior. É provavelmente por isso que algumas traduções usam a palavra *súplicas* em vez de *intercessões*. O sentido é suplicar a alguém que possui autoridade para resolver o assunto. Estamos buscando a presença de Deus em favor de outros ou por situações em que estamos envolvidos. Contudo, usar a palavra *súplicas* ou *petições* em vez de *intercessões*, em minha opinião, deprecia o sentido original.

A intercessão é a expressão mais profunda da oração e é a última a ser vivenciada. Há poucos grupos do povo de Deus que conhecem bem a intercessão corporativa. Por quê? A razão é que a intercessão não consiste meramente em algumas palavras ditas em favor de uma situação, mesmo que seja com sentimento intenso e emoção. Na verdade, é preciso que todo o nosso ser esteja envolvido – espírito, alma e corpo. É preciso que o intercessor se torne um sacrifício vivo. Se você quer tornar-se um intercessor, Deus exigirá tudo o que lhe pertence – seu ser inteiro, seu tempo, sua energia, sua saúde e até mesmo as suas posses. Deus tomará tudo. Nunca deprecie a palavra *intercessor*. Não é dar meia hora ou uma hora por semana ou mesmo todos os dias, como se isso fosse tudo o que Deus requer. Para ser um intercessor, Deus requer *você* e tudo o que possui. Por essa razão Daniel é o maior exemplo disso no Antigo Testamento. Ele orava diariamente e gastava tempo intercedendo em meio à sua vida atarefada no primeiro escalão do governo. Contudo, a verdadeira chave da sua intercessão era o fato que ele era um sacrifício vivo e estava inteiramente comprometido com o Senhor.

A intercessão só começa quando conhecemos a mente e a vontade de Deus em qualquer situação com que nos deparamos. Quando o Senhor revelou a Moisés que Ele estava para destruir Israel, isso se tornou a causa da sua intercessão pela nação. Quando o Senhor decidiu destruir Sodoma e Gomorra e comunicou a Abraão, isso se tornou a causa da sua intercessão em favor de Ló e sua família. Se entendemos isso, começamos a perceber como é importante para a intercessão suplicar ou buscar ao Senhor. Só podemos interceder quando sabemos qual é a vontade do Senhor com respeito a qualquer situação.

É possível que muitos, ao lerem o que escrevi, percam toda esperança de se tornarem intercessores ou de se envolverem em intercessão corporativa. Não desanime nem desista desse assunto. O Senhor precisa começar e Ele começa com uma pessoa que está pronta a oferecer-se voluntária e completamente. Há um provérbio chinês que diz: "Uma viagem de mil quilômetros começa com um passo". Temos de dar o primeiro passo pela fé. Uma vez que o crente está pronto para ser um intercessor e oferece todo o seu ser ao Senhor, Ele o guiará passo a passo. Ele o guiará com firmeza e segurança à medida que você estiver pronto. Do jardim de infância da oração você avançará para o jardim de infância da intercessão, depois para o primário, depois para o secundário e finalmente para a universidade da intercessão. A intercessão requer alguns graus de maturidade espiritual. Esse tipo de maturidade surge apenas mediante crescimento e experiência espiritual e se desenvolve na pessoa que renunciou à vida própria.

Ações de graças

A quarta expressão é traduzida pela expressão *ações de graças*. É a ação de dar graças não apenas por orações atendidas, mas pelo próprio Senhor. A maioria das pessoas pensa imediatamente que ações de graças dizem respeito a agradecer ao Senhor pelas orações que Lhe fizemos na semana passada e que nesse meio tempo foram atendidas. Sempre pensamos dessa forma com respeito às ações de graças. Em Filipenses 4.6 lemos: "... em tudo, porém, sejam conhecidas, diante de Deus, as vossas petições, pela oração e pela súplica, com ações de graças". A maioria dos crentes entende isso como fazer um pedido, e quando obtém a resposta, agradece ao Senhor. Outros entendem o texto como fazer o pedido e agradecer ao Senhor pela resposta mesmo antes de obtê-la. Eu penso que isso deprecia a expressão *ações de graças*. Penso que, quando você faz um pedido, deve fazê-lo com ações de graças. Não é apenas que devemos agradecer a Deus por responder nossas orações; isso é óbvio! Contudo, primeiramente temos de agradecer a Deus pela obra consumada do Senhor Jesus, em cuja base Ele nos concede tudo. Damos graças por Sua graça, Seu amor, Sua misericórdia, Sua verdade, Seu trono, Seu reino. Em outras palavras, essas ações de graças têm tudo a ver com adoração, que é uma parte vital e estratégica da oração corporativa.

Há muitos de nós que são tão centrados em si mesmos que o inimigo nos tem sob controle e exerce seu poder sobre nós. Ele nos diz: "Esta não é uma boa hora para você adorar o Senhor; você esteve mal-humorado o dia todo, ou os filhos se comportaram mal, ou o ambiente do escritório estava terrível porque o chefe lhe deu muita coisa para fazer, ou você enfrentou uma viagem terrível ao voltar do seu trabalho e emocionalmente está em frangalhos. Não convém agradecer ao Senhor, já que você não tem nada que agradecer a Ele". E muitas vezes é assim que respondemos: "Eu quero ser autêntico, e não hipócrita. Não quero abrir a boca para louvar e agradecer ao Senhor quando isso é algo hipócrita". O inimigo nos conduziu à condição em que só conseguimos louvar o Senhor quando nos sentimos bem. Todo o empenho do diabo, agora, se concentra em assegurar que você se sinta mal, pois ele quer destruir quaisquer ações de graças e adoração ao Senhor. Ele sabe que a adoração, as ações de graças e o louvor são armas tremendas na batalha em que estamos envolvidos. Frequentemente sucumbimos diante dessa tática do inimigo. Às vezes há pessoas que passam anos sem abrir a boca para louvar o Senhor. Elas não conseguem nem Lhe dizer quão grande e maravilhoso e digno de louvor Ele é.

Precisamos compreender que podemos ser honestos com Deus. Podemos dizer: "Senhor, eu me sinto muito mal. Tive um dia terrível, mas eu Te agradeço e Te adoro, Senhor, porque o Teu trono é inabalável". O fato de eu ter tido um dia terrível não provocou a abdicação do Senhor Jesus. Parece que a ideia é que, quando levantamos com o pé esquerdo, houve uma crise no céu. Se na noite anterior comemos algo que não nos fez bem e acordamos com uma visão pessimista das coisas, o Senhor abdicou do Seu trono. Mas isso é um contrassenso! Quando você está abatido, pode louvar o Senhor, e quando está animado, também pode louvar o Senhor. Quando está desanimado, você pode dizer: "Senhor, eu me sinto terrível, mas quero agradecer que Tu és quem Tu és. Tu és maravilhoso, e tudo o que fazes é maravilhoso, e a Tua verdade dura para sempre".

O que, então, dirá o diabo a esse respeito? "Essa pessoa está dizendo a verdade agora; o que vou fazer? Não tenho como impedir esse crente de adorar a Deus!". Então ele diz a todos os seus súditos: "Deixem essa pessoa em paz por um pouco; ele tira mais proveito das situações difíceis do que das situações favoráveis". Alguns de nós estamos ajudando o inimigo a manter-nos em permanentes tempos difíceis porque ainda não aprendemos essa lição. "Bendize, ó minha alma, ao SENHOR, e tudo o que há em mim bendiga ao seu santo nome" (Sl 103.1). E novamente: "Bendirei o SENHOR em todo o tempo, o seu louvor estará sempre nos meus lábios" (Sl 34.1). Podemos bendizer o Senhor quer estejamos animados quer estejamos desanimados. Louvar ao Senhor por Sua grandeza, Sua majestade, Sua beleza, Seu poder, Sua vitória total sobre as forças das trevas, esse é o tipo de louvor que se pode ter sempre nos lábios.

Assim como a súplica é fundamental a toda oração, também as ações de graças. É a adoração de nosso coração por quem Ele é, por aquilo que Ele é, pela salvação que Ele operou e pela forma como Ele nos conduziu a essa salvação. Como seres humanos, fomos criados para adorar, e só alcançamos uma plenitude interior quando aprendemos a adorar. A adoração não está ligada a respostas de oração, mas ao próprio Ser de Deus. Quando adoramos o Senhor, fazemos aquilo para que fomos criados. Mais do que isso, provamos o cumprimento da promessa: "Nos seus lábios estejam os altos louvores de Deus, nas suas mãos, espada de dois gumes" (Sl 149.6). Felizes são os que têm essa experiência.

CAPÍTULO **2**

UM PRINCÍPIO FUNDAMENTAL NA ORAÇÃO CORPORATIVA

Mateus 18.19-20 — *Em verdade também vos digo que, se dois dentre vós, sobre a terra, concordarem a respeito de qualquer coisa que, porventura, pedirem, ser-lhes-á concedida por meu Pai, que está nos céus. Porque, onde estiverem dois ou três reunidos em meu nome, ali estou no meio deles.*

Mateus 6.5-15 — *E, quando orardes, não sereis como os hipócritas; porque gostam de orar em pé nas sinagogas e nos cantos das praças, para serem vistos dos homens. Em verdade vos digo que eles já receberam a recompensa. Tu, porém, quando orares, entra no teu quarto e, fechada a porta, orarás a teu Pai, que está em secreto; e teu Pai, que vê em secreto, te recompensará. E, orando, não useis de vãs repetições, como os gentios; porque presumem que pelo seu muito falar serão ouvidos. Não vos assemelheis, pois, a eles; porque Deus, o vosso Pai, sabe o de que tendes necessidade, antes que lho peçais. Portanto, vós orareis assim: Pai nosso, que estás nos céus, santificado seja o teu nome; venha o teu reino; faça-se a tua vontade, assim na terra como no céu; o pão nosso de cada dia dá-nos hoje; e perdoa-nos as nossas dívidas, assim como nós temos perdoado aos nossos devedores; e não nos deixes cair em tentação; mas livra-nos do mal [pois teu é o reino, o poder e a glória para sempre. Amém]! Porque, se perdoardes aos homens as suas ofensas, também vosso Pai celeste vos perdoará; se, porém, não perdoardes aos homens as suas ofensas, tampouco vosso Pai vos perdoará as vossas ofensas.*

Neste capítulo consideraremos um dos princípios mais importantes da oração corporativa. Não reconhecer essa verdade faz com que muita oração corporativa seja ineficaz. É o princípio da unidade, do companheirismo, da cooperação mútua. Prezado leitor, estas palavras, em uma primeira leitura, talvez não pareçam ter muito a ver com a oração corporativa, mas na verdade elas se referem à essência do assunto.

O ESPÍRITO DE DEUS UNIFICA OS CRENTES EM ORAÇÃO

O Senhor Jesus disse: "Em verdade também vos digo que, se dois dentre vós, sobre a terra, *concordarem* a respeito de qualquer coisa que, porventura, pedirem, ser-lhes-á concedida por meu Pai, que está nos céus".

Concordar, no grego, é *sumphoneo*, de onde temos a palavra portuguesa "sinfonia". Literalmente, significa "soar ao mesmo tempo", "cantar ao mesmo tempo", "falar ao mesmo tempo", "concordar ao mesmo tempo". A maneira mais simples de entender o conceito é dizer que estamos em harmonia um com o outro. Encontramos essa palavra na história do filho pródigo, quando ele voltou para casa e seu irmão mais velho ouviu a música; ele ouviu uma *sumphoneo*. Ele ouviu a combinação harmoniosa do som de instrumentos musicais tocando juntos. Também é a palavra que aparece em 2 Coríntios 6.16: "Que ligação [ou harmonia] há entre o santuário de Deus e os ídolos?".

Esse versículo de Mateus 18.19 muitas vezes se entende como "concordar em concordar". Não é que somos unificados pelo Espírito Santo, mas concordamos em concordar. O entendimento é que, se alguns crentes decidem concordar quanto a um assunto, podemos dirigir o braço de Deus e fazer com que Ele faça aquilo que Ele não está disposto a fazer. Ele na verdade não quer fazer o que estamos pedindo, mas se você e eu concordamos, Ele precisa adaptar-Se ao nosso projeto. Essa pode ser uma maneira rude de expor o assunto, mas é exatamente essa a ideia corrente a respeito desse versículo.

Contudo, a chave dessa declaração de nosso Senhor Jesus nós a encontramos na palavra "porque". Nos dois versículos citados não temos dois assuntos que não dizem respeito um ao outro, mas *um* assunto apenas. Eu já ouvi muitas mensagens maravilhosas a respeito de Mateus 18.20, sobre o fato de o Senhor estar no meio de dois ou três crentes. Também já ouvi muitas mensagens a respeito de Mateus 18.19, que se um milagre ocorre e os crentes decidem concordar um com o outro a respeito de qualquer coisa, isso com certeza acontecerá. Já ouvi até mesmo alguns pregadores dizerem do púlpito: "Será que temos aqui alguém que concorda comigo?". Alguém levanta a mão e grita: "Aleluia, agora Deus precisa fazer o que pedimos". Na verdade, a segunda parte dessa frase, sozinha, corresponde às exigências da primeira. Toda a primeira sentença precisa ser entendida à luz da segunda. O que significa isso? Simplesmente que, onde dois ou três estão reunidos em nome de nosso Senhor Jesus, ali Ele está; e porque está no meio deles, Ele dá expressão a Sua mente e vontade e unifica os crentes. Quando eles são unificados pelo Espírito Santo, isso é a evidência de que será revelada a mente do Senhor Jesus, o Cabeça, e a vontade d'Ele será feita.

REUNIDOS EM NOME DE JESUS

O que significa estar reunido em nome de nosso Senhor Jesus? Será que o nome d'Ele é apenas uma espécie de talismã com que terminamos nossas orações? É claro, não é errado terminar nossa oração em nome de Jesus; mas qual é o sentido disso? Estamos usando isso como uma espécie de fórmula mágica para conseguir que as coisas sejam feitas? O significado glorioso de estar reunido em nome do Senhor Jesus é que fomos feitos um com Deus em nosso Senhor Jesus. Estamos unidos ao Messias. Ele é o Cabeça e nós somos o corpo. O Pai nos colocou em Seu Filho por meio do Espírito Santo. Essa é a nossa posição! O apóstolo João disse: "... permanecemos nele, e ele, em nós..." (1 Jo 4.13). Não precisamos lutar para alcançar essa posição. Por meio do novo nascimento, já estamos ali e apenas temos de permanecer onde Deus nos colocou. Quando nos reunimos em Seu nome, é no nome do Cabeça. Como membros do corpo, estamos falando em nome de nosso Cabeça. Quando essa verdade se torna clara para nós, descobrimos algo muito maravilhoso! A presença de Cristo está no meio de nós, e o Espírito de Deus está governando, dirigindo, despertando e capacitando. Por essa razão, o tempo de oração se torna uma expressão do corpo de Cristo, uma expressão da nossa unidade com Cristo e nossa unidade em Cristo.

Muitas vezes, quando os crentes se reúnem, as orações que se oferecem são totalmente individualistas. Não há concordância pelo Espírito de Deus. Alguém que esteja ouvindo pode chegar a pensar que a pessoa que está orando não ouviu ninguém que orou antes e não vai ouvir ninguém que vai orar depois. É algo totalmente desvinculado, um tipo de oração individualista. Não há nada de errado nesse tipo de oração quando estamos sozinhos, mas quando estamos reunidos, isso se torna uma negação, uma contradição do próprio princípio da oração corporativa, de acordo com o conteúdo destas palavras: "Porque, onde estiverem dois ou três reunidos em meu nome, ali estou no meio deles". Ele está ali, e pelo fato de estar ali, dá expressão a Sua mente e vontade, e isso resulta em sermos unificados e sermos da mesma opinião.

Quando nos reunimos em nome de nosso Senhor Jesus, quando assumimos nossa posição n'Ele como o Seu corpo, à medida que esperamos n'Ele e O consultamos, surge entre nós, por meio do Espírito de Deus, a mente do Senhor. Isso não requer uma longa espera ou longo período de oração. Às vezes ela vem no momento em que estamos orando porque alguma coisa se acende em nosso coração, e sabemos que isso vem do Senhor. Sempre que se forma um encargo assim em nosso coração, é terrível quando alguém faz uma oração longa demais. A genuína oração corporativa ocorre quando o Espírito Santo Se move de um para o outro. Se alguém ora por muito tempo, essa iluminação no coração da outra pessoa pode se perder.

SOB O GOVERNO DO ESPÍRITO SANTO

Por que é tão necessária essa concordância? Parece que isso é um assunto que precisa se estabelecer pela boca de duas ou três testemunhas. Às vezes uma pessoa ora por algum assunto e isso é suficiente. Contudo, em assuntos importantes e vitais, precisamos aprender a lição de "estarmos de acordo pelo Espírito de Deus". Haverá vezes em que a unção do Espírito Santo estará num assunto, e trinta pessoas ou mais orarão pela mesma coisa. É como marchar em volta dos muros de Jericó — por seis dias marchando em torno delas uma vez ao dia, e sete vezes no sétimo dia, até que finalmente os muros ruíram. Outras vezes são necessárias apenas duas ou três pessoas que concordam, e o assunto está resolvido, e a Unção vai adiante.

Sob a Antiga Aliança, todos oravam juntos ao mesmo tempo. Cada um fazia a sua própria oração, e Deus tinha de filtrar tudo. É claro, não há nada errado com essa forma pública de oração em conjunto, mas não há ligação entre uma oração e outra. Eles eram salvos assim como nós o somos sob a Nova Aliança, redimidos pelo sangue do Cordeiro; olhavam para a cruz que estava por vir, assim como nós olhamos para trás. Contudo, embora estivessem juntos, eram indivíduos. A marca distintiva da Nova Aliança é que Deus colocou o Seu Espírito em nós e não somos mais apenas indivíduos, somos membros de um corpo. Foi isso que provocou, nos primórdios da Igreja, um colossal impacto no povo judeu. O que estava acontecendo com essas pessoas? Elas andavam juntas como se um condutor invisível estivesse ali. Não era apenas uma congregação de pessoas isoladas; era um corpo no Messias, unido ao Cabeça, sob a direção e o governo do Espírito Santo.

APRENDER A ORAR DE FORMA ORDENADA

Se o tempo de oração corporativa se limita a várias pessoas orando individualmente sem muita consideração de uns com os outros, fazendo suas orações como se ninguém mais estivesse ali, poderíamos sugerir alguns motivos de oração e mandar cada um para casa, a fim de dedicar meia hora de joelhos na quietude de seus próprios lares. Isso evitaria a perda de tempo e teria o mesmo valor. O tempo de oração apropriado tem uma ordem e um plano que ocorre como resultado da presença do Senhor Jesus em nosso meio. Nessa reunião, a vontade e a mente do Cabeça resultam em uma sensação de estar junto e em uma harmonia, mesmo quando alguns de nós cometemos algum erro. Não seremos nunca perfeitos, e os melhores de nós vão errar de vez em quando; somos todos aprendizes. É impressionante como o Senhor é paciente, especialmente com aqueles que acabaram de começar a orar e se decidiram a fazê-lo. Nós só aprendemos quando erramos e permitimos que o Senhor nos corrija. O grande problema surge quando há os mais idosos no Senhor e nunca aprenderam.

RECONHECER A UNÇÃO E A ORAÇÃO DE APOIO

A chave da oração corporativa é a mutualidade ou o estar junto; e apoiar as orações uns dos outros é vital, é da maior importância. Na verdade, isso é estrategicamente vital. Não é preciso ser um grande santo ou ter vivido muitos anos no serviço de Deus para discernir uma unção em alguém que está orando. À medida que se ouve, sabe-se que a unção está ali, pois vemos uma clareza e uma autoridade naquela oração. É nesse ponto que podemos errar, com tristes consequências. Muitas vezes, pensamos: "Já podemos parar de orar. Essa oração tinha tanta autoridade, foi tão clara, que não precisamos mais orar sobre esse assunto". Contudo, é da maior importância que a oração feita com unção receba apoio, porque a frase diz assim: "... se dois dentre vós, sobre a terra, concordarem...".

Quando apoiamos esse tipo de oração, na verdade estamos dizendo: "Amém". A palavra *amém* é interessante porque tem sua origem na raiz hebraica *aman*, que significa "crer", "ter fé". A palavra hebraica *ma'amin* significa simplesmente "eu creio". Quando dizemos "amém", expressamos nossa fé de que aquilo acontecerá. Em outras palavras, estamos dizendo: "Eu creio; tenho fé a respeito desse assunto, Senhor". A próxima vez que alguém estiver orando a respeito de algum assunto, e o Senhor puser em seu coração um testemunho confirmando aquilo, diga: "Amém. Eu tenho fé para isso acontecer; estou nisso também; eu apoio isso".

A ORAÇÃO CORPORATIVA É UMA OPERAÇÃO MILITAR

Um tempo de oração corporativa precisa ser conduzido como uma operação militar. Muitas vezes, parece que a ideia predominante entre os crentes é que se temos uma arma e munição suficiente, basta atirar; é só isso que importa! Manter o *inimigo* no foco e atirar com cuidado não passa de assunto secundário. A ideia é que o diabo é tão estúpido que tudo o que se tem de fazer é bastante barulho, atirar algumas citações bíblicas em diferentes direções, fazer uma tremenda vozearia, com muita gente orando em nome de Jesus, e ele fugirá.

A verdade é que estamos em uma guerra, e as armas da nossa guerra não são carnais, mas poderosas em Deus para destruir as fortalezas satânicas (2 Co 10.4). De nossa parte, temos de apontar nossas armas ou nossa artilharia bem no alvo. Temos de aprender a usar a Palavra de Deus, a qual o Espírito Santo supre como nossa arma, e precisamos manter a mira no alvo.

CAPÍTULO **3**

MAUS HÁBITOS QUE DESTROEM A ORAÇÃO CORPORATIVA

Neste capítulo consideraremos alguns dos maus hábitos que destroem a oração corporativa. Eles precisam ser evitados a todo custo.

A ORAÇÃO HORIZONTAL

Toda oração autêntica é vertical. A oração horizontal consiste em dar informações por meio da oração e se destina ao consumo humano, e não à atenção de Deus.

Seria muito melhor interromper o tempo de oração e dizer simplesmente: "Eu preciso mencionar o seguinte: "A dona Conceição mora logo ali, na Rua dos Canários, número doze, no terceiro andar. O marido dela, outro dia, caiu e quebrou a perna, o bebê dela está no hospital com difteria, o filho dela está se envolvendo no crime, e ela está em uma necessidade extrema. Será que podemos orar por ela?". Contudo, o que normalmente acontece é algo parecido com o seguinte: "Oh, Senhor, oramos pela dona Conceição, que mora na Rua dos Canários, número doze, terceiro andar. O marido dela quebrou a perna, o bebê dela está no hospital com difteria, o filho dela está se envolvendo no crime, e ela está em uma necessidade extrema". O Senhor bem poderia dizer: "Meu querido filho, eu sei tudo sobre essa mulher. Você está tentando Me apresentar a dona Conceição para Eu não abençoar a pessoa errada? Você não precisa dizer essas coisas para Mim! Por que você está Me passando todas essas informações?". Isso não é orar ao Senhor; isso é passar informações às outras pessoas, e assim se perde o tempo de oração. Quanto antes se aprende que esse tipo de oração é só uma fachada e não tem valor diante dos céus, melhor. O Senhor sabe tudo que é possível conhecer a respeito da dona Conceição e dos problemas dela. Ouvir a respeito da situação e da necessidade dela pode ser, é claro, de grande ajuda para os outros que nos ouvirem, mas é errado disfarçar isso em forma de oração. Quando cometemos esse erro, não estamos orando.

Precisamos aprender lições difíceis. Qual é a vantagem se você se dirige ao céu e diz: "Eu orei"; e o Senhor diz: "Você não orou! O que você fez foi gastar a maior parte do seu tempo passando informações aos outros por meio de oração, com muito palavrório vão; e quanto a Mim, você foi terrivelmente enfadonho". Você acha que nosso Senhor vai elogiar alguém que acabou com as reuniões de oração? Jamais! Nosso Senhor não é nem diplomata nem político. Ele não vai dizer: "Você orou muito bem", quando na verdade você fez o contrário. Ele dirá: "Você acabou com essas reuniões de oração. Por que você não aprendeu? Por que você não permitiu que Eu fizesse alguma coisa com você?". A oração horizontal é uma praga. Peça a Deus que guarde você desse tipo de oração. Toda oração precisa ser dirigida a Deus. Saiba que não há nada que Ele não conheça. Pode ser útil compartilhar algumas informações com os outros, mas não à guisa de oração. Lembre-se do que disse o Pregador: "Não te precipites com a tua boca, nem o teu coração se apresse a pronunciar palavra alguma diante de Deus; porque Deus está nos céus, e tu, na terra; portanto, sejam poucas as tuas palavras" (Ec 5.2). Ele não quer dizer com isso que não devemos orar muito, mas que devemos lembrar: Deus está nos céus e você está na Terra. Ele sabe tudo – e muito mais, que você jamais terá condições de entender. Por isso você pode ir direto ao ponto, ser direto, e não usar muitas palavras. O que nosso Senhor quis dizer com isto: "... o vosso Pai, sabe o de que tendes necessidade, antes que lho peçais" (Mt 6.8)? Isso não significa que não devemos pedir, pois Ele nos ensinou a orar: "... o pão nosso de cada dia dá-nos hoje..." (Mt 6.11). Mas o que Ele quis dizer era isto: não faça rodeios. Seu Pai celeste já sabe de tudo; Ele conhece as suas necessidades e as suas condições. Isso também é verdade em relação a necessidades muito mais amplas e maiores, quer locais, nacionais ou internacionais. Não há nada que Ele não saiba a respeito dessas situações; por isso, aprenda a ser direto.

ORAÇÕES LONGAS

Não há nada mais eficaz para acabar com a oração corporativa do que a infindável oração de alguns santos. Eu sempre me lembro das palavras de Golda Meir, que foi primeira-ministra de Israel: "Com amigos assim, não precisamos de inimigos". Ela se referia a alguns supostos amigos de Israel, em posição de grande autoridade em outros países, que causavam muitas dificuldades à nação. Às vezes, é de pensar se o Senhor sente a mesma coisa. Ele não precisa jogar a culpa em Satanás, pois se a reunião de oração e a obra do Senhor ficarem a cargo de alguns santos, de todo jeito serão um fracasso. Ao ensinar-nos a oração-modelo, o Senhor Jesus disse: "E, orando, não useis de *vãs repetições*, como os gentios; porque presumem que *pelo seu muito falar* serão ouvidos" (Mt 6.7 – ênfase acrescentada).

É um fato interessante que nem sequer uma oração registrada na Bíblia, de Gênesis a Apocalipse, tem maior duração do que uns poucos minutos! A esse respeito é digno de nota que a oração-modelo que o Senhor nos deu não dura mais do que dois minutos. Mesmo assim, muitos cristãos fazem orações incrivelmente longas. Sem perceber, tornam-se agentes do fracasso da oração corporativa. Por meio da oração, eles destroem a própria oração! Na oração particular, é claro, na quietude do próprio lar, pode-se orar por uma hora ou mais. Não há problema quanto a isso. Contudo, se uma pessoa orar esse tempo todo em oração corporativa, ela acabará com qualquer reunião de oração! Esse problema já é antigo, centenário. Isso me faz lembrar uma história contada por D. L. Moody, o grande pregador, que convivia com uma pessoa dessas na reunião de oração da igreja. Em certa ocasião, Moody ficou tão agoniado com a duração da oração do irmão, que ele se levantou e disse: "Vamos todos ficar de pé e cantar o hino número tal, enquanto nosso irmão conclui a sua oração".

PEQUENOS SERMÕES

Depois disso temos os pequenos sermões e exposições bíblicas, que são outro grande exterminador da oração corporativa. Prega-se mais ao nosso amado Senhor do que a qualquer outra pessoa do universo. Se aos não salvos se pregasse tanto quanto ao nosso Senhor, não haveria ninguém que iria para a eternidade com a desculpa de nunca ter ouvido o evangelho! Às vezes, é de admirar que as pessoas não cheguem ao ponto de dar ao Senhor a oportunidade de ir à frente para responder ao apelo.

Com esses crentes, não há nada na Palavra que não seja repetida. Isso não seria tão sério ou tão destrutivo se tivesse alguma ligação com o assunto em pauta. É raro as orações terem qualquer ligação com esses assuntos! Expõem-se maravilhosos pensamentos tirados da Bíblia: da lei, dos salmos, dos profetas, dos evangelhos ou das cartas. O problema é que a reunião de oração corporativa é, muitas vezes, o local de encontro de pregadores frustrados. Não há nenhum outro lugar para desabafarem; por isso, a reunião de oração torna-se o seu púlpito. Ali ouvimos exposições bíblicas, com os pontos um, dois e três – todos eles começando com a mesma letra. Queira o Senhor nos guardar desse tipo de sermõezinhos.

Na oração corporativa há uma imensa diferença entre relembrar em oração as promessas, as declarações e instruções da Palavra de Deus quando dizem respeito ao Seu propósito e aos assuntos em pauta e pregar essas mesmas verdades para Deus. Na verdade, é essencial e necessário que nos firmemos nas promessas e nas declarações de Deus que dizem respeito à eficácia da oração corporativa. Contudo, pregar sermões ou fazer exposições bíblicas é pregar para Deus, e isso é espantoso. Isso revela uma falta de conhecimento da presença do Senhor.

A ORAÇÃO TIPO "LISTA DE COMPRAS"

Depois temos aquilo que chamamos de oração tipo "lista de compras" ou a oração "volta ao mundo". Ali se incluem todos os assuntos mencionados para oração, e mais alguns que são acrescentados. Esses crentes provavelmente tiveram muita dificuldade para abrir a boca, mas quando finalmente conseguiram, precipitaram-se através da lista de assuntos que foram mencionados. Isso se assemelha a uma lista de compras que você assinala à medida que compra os itens. As orações "volta ao mundo" são assim também. Você começa onde está e vai de continente em continente até chegar novamente onde começou; é um tipo de viagem ao redor do mundo!

Vou dar um exemplo. Uma pessoa ora primeiro por uma campanha de Billy Graham em Los Angeles; depois ora por uma família muito necessitada na Cidade do Cabo, na África do Sul. Depois disso, dirige-se a Melbourne, na Austrália, onde mora um irmão que se desviou do Senhor. Então vai a Londres e ora por um grupo de crentes dali; e finalmente ora pelo dedão do pé gangrenado da sua avó. Essa é a sua oração.

A próxima pessoa começa orando pelo irmão em Melbourne, que se afastou do Senhor, então volta para a campanha de Billy Graham em Los Angeles. Depois vai a Londres e ora com fervor pelo povo britânico. Outra pessoa então ora pelo dedão gangrenado da avó, e inclui outras cinco pessoas doentes, todas em condições bem diferentes. Depois outra pessoa ora pela campanha de Billy Graham em Los Angeles, vai a Melbourne, ora por todos os crentes que vivem por trás da cortina de bambu e finaliza na República Tcheca. Ainda outra pessoa ora por todos os que sofrem em todos os lugares, especialmente nos países islâmicos, e então ora pela Rússia.

O que está acontecendo nessa reunião de oração? Primeiro estamos aqui e depois estamos lá longe, em outro lugar. Vamos daqui para lá e de lá para cá. Se você orasse assim em sua casa, o Senhor lhe diria que você precisa de cura para a mente, pois está confuso e completamente desorganizado. Na verdade, quando um crente ora em sua própria casa, ele se ajoelha e ora por uma coisa após a outra, conforme é movido pelo Espírito de Deus. Você não pula para frente e para trás de um assunto para outro. A oração corporativa deveria ser da mesma forma. Avançamos de um tópico para outro, sempre juntos, e assim passamos para o próximo tópico. É assim que agimos sob a direção do Espírito Santo. Em certa ocasião pode haver sete santos orando por um mesmo assunto, e cinco orando pelo próximo, um orando pelo seguinte, e então vinte orando pelo último assunto. Quando a oração é feita em confusão, ninguém sabe para onde estamos indo. Ninguém nem sonharia em fazer isso em particular, sozinho. Contudo, no tempo de oração corporativa é exatamente isso que fazemos; oramos de forma desorganizada e passamos por uma infinidade de assuntos, cada um tentando orar pela lista inteira. Esse tipo de reunião de oração se caracteriza por uma sensação de peso e falta de vida.

A SÍNDROME DO "MEU", "MIM" E "EU"

Se insistimos em usar constantemente os pronomes pessoais da primeira pessoa do singular na oração corporativa, isso se torna uma negação do funcionamento do corpo de Cristo. É óbvio que devemos usar "nós", "nosso" e "nos" quando estamos orando juntos. Se o Espírito Santo está nos orientando a orar, nessa hora nos tornamos, por assim dizer, o porta-voz dos outros. Os outros irmãos, ou concordarão com a oração, dizendo "amém", ou não concordarão, ficando em silêncio. Nosso Senhor nunca nos ensinou a orar corporativamente dessa forma. Na oração-modelo que Ele ensinou, instruiu-nos a orar assim: "Pai *nosso*, que estás nos céus, santificado seja o teu nome; venha o teu reino; faça-se a tua vontade, assim na terra como no céu; o pão *nosso* de cada dia dá-*nos* hoje; e perdoa-*nos* as *nossas* dívidas, assim como *nós temos* perdoado aos *nossos* devedores; e não *nos* deixes cair em tentação; mas livra-*nos* do mal (Mt 6.9-13).

Precisamos prestar atenção ao fato de que foi a todos os discípulos e não apenas a um deles que Ele deu essa oração padrão. Em outras palavras, quando oravam juntos, eles deveriam usar os pronomes no plural: "nosso", "nos", "nós". Um triste sinal de que a reunião de oração é apenas uma reunião de indivíduos fazendo orações individuais e pessoais é quando se usa "eu", "meu" e "me", em vez de ser a Igreja em oração. Além do mais, quando se usam esses pronomes na primeira pessoa do singular, aquele que ouve sente-se excluído da oração daquele que ora. Esse filho de Deus está orando como se naquele local estivessem só ele e o Senhor.

Porém, há ocasiões em que os pronomes pessoais do singular devem ser usados, mesmo em uma reunião de oração corporativa. Por exemplo, ouvimos muitas vezes este tipo de oração: "Estamos todos nos sentindo deprimidos!". Seria melhor se esse crente dissesse: "Eu estou deprimido; toca-me, Senhor, e aviva-me". Há outras ocasiões em que os pronomes do singular são usados corretamente. Contudo, é normal, na oração corporativa, usar "nosso", "nos" e "nós".

Quando passamos a usar os pronomes no plural, é sinal ou evidência de que estamos começando a perceber que pertencemos ao corpo do Senhor Jesus. O Espírito Santo está começando a nos dar entendimento daquilo que a Igreja é.

ARTIFICIALIDADE

Outro hábito muito ruim é a ideia de que precisamos mudar o tom da voz. W. P. Nicholson disse certa vez: "Por que as pessoas usam uma voz diferente quando falam com Deus?". É óbvio que devemos falar com reverência com o Senhor, mas por que não usar nossa voz normal? É claro que temos de falar alto o suficiente para que os outros ouçam nossa oração e possam dizer "amém". É ridícula a ideia de que precisamos usar uma espécie de voz teatral ao falar com o Senhor. É lamentável que o Senhor precise ouvir todas essas vozes estranhas que nem de longe lembram a voz normal da pessoa que está orando! Desde que falemos suficientemente alto e nossa dicção seja clara, temos de ser como sempre somos e falar com o Senhor como falamos uns com os outros — mas com reverência.

Esse hábito é tão forte que, em uma reunião de oração em conjunto, quase se pode identificar a denominação a que cada crente pertence. Os anglicanos e episcopais falam a respeito da paixão de nosso Senhor e da agonia da cruz e sobre outras verdades tremendas como se estivessem falando por sobre a cerca com um vizinho a respeito de tomates e outros vegetais da sua horta. O tom é sempre moderado, sem nenhuma paixão nem emoção. Os batistas têm a tendência de serem muito práticos e falam alto. Os pentecostais se parecem muito com um antigo aeroplano, que aumentava a velocidade do motor até que finalmente decolava. Depois subia mais e mais até de repente perder as forças, então aterrissava. Os presbiterianos falam com Deus com grande eloquência e firmeza. A necessidade maior não é adotar uma forma ou outra, ou um tom de voz que não seja o nosso. Devemos orar com autenticidade, como nós somos, de coração, ao Senhor, sem artificialidade nem simulação.

BARULHO REPETITIVO, MECÂNICO

Outro hábito muito ruim é um tipo de reação mecânica que nada tem a ver com o Espírito Santo. Em uma reunião de oração corporativa, isso acaba com a unção e com o poder do Espírito Santo, pois não é ação d'Ele, mas simplesmente um reflexo totalmente humano. Contudo, pode ser edificante quando um crente exclama: "Aleluia!" porque viu alguma coisa pelo Espírito; ou então outra pessoa diz: "Amém", ou ainda outra diz em voz alta: "Sim, Senhor", ou quando um grande coro de "améns" ecoa de todos nós porque no Espírito estamos todos testemunhando quanto a algum assunto. Eu me lembro de que, em uma conferência nacional de intercessores, depois que eu falei, uma senhora se aproximou de mim e agradeceu a mensagem que eu tinha pregado. Ela me disse que havia sido grandemente abençoada ao participar de uma Clínica de Oração.

Logo me interessei, pois já havia ministrado várias Escolas de Oração em diferentes lugares. Eu lhe disse:

— Mas eu nunca ouvi falar de Clínica de Oração!

— Ah — disse ela —, foi algo muito proveitoso para mim; aprendi muita coisa nos vários cursos que fiz lá. Foram muito úteis para mim; mas eu queria lhe perguntar alguma coisa a respeito do curso que estou fazendo agora, pois está me perturbando.

— Qual é o curso que está perturbando você? — perguntei a ela.

— Ah, é gemer no Espírito.

Então eu lhe disse:

— Bem, eu nunca ouvi falar desse tipo de coisa. Como é que lhe ensinaram isso? Seu professor pediu que você fizesse isso? E daí ele mesmo "gemeu no Espírito" para mostrar como deve ser?

— É, foi isso mesmo que aconteceu — disse ela. — E não estou muito satisfeita com isso.

Então, disse-lhe que não era desse jeito. Eu disse que achava certo ela não se sentir bem com aquilo, especialmente porque as Escrituras dizem que há gemidos que não se podem exprimir; eles ficam presos em nosso espírito. Então de repente algo me ocorreu, e eu perguntei:

— Você está pagando por esses cursos?

— Sim. Cinquenta dólares por curso.

Ensinar as pessoas a gemer mecanicamente não é um ministério do Espírito Santo, e cobrar por isso é acrescentar injustiça à ofensa.

Em outra ocasião, eu estava em uma reunião de oração num dos Estados do sul dos Estados Unidos. Eu não conseguia me concentrar de forma nenhuma por causa de um barulho terrível atrás da sala de reuniões. Por fim, o pastor se inclinou para mim e disse:

— Esse barulho está incomodando você?

— Está sim, mas o que é isso?

— Ah, é um dos nossos irmãos que tem o ministério de gemer.

No final da reunião, o pastor disse:

— Você gostaria de conhecer o irmão que tem esse ministério de gemer?

— Gostaria, sim, pois eu sempre entendi que esses gemidos não podem ser exprimidos.

Em minha opinião, isso não era um ministério autêntico, mas apenas uma barulheira mecânica.

Por fim, para ilustrar um pouco mais esse assunto: eu estava pregando em uma reunião no sul da Suécia, e um homem da congregação exclamava em voz alta a intervalos de poucos minutos: "Takk og lov", que significa "graças e louvores". Eu estava pregando uma mensagem evangelística, e quando disse: "Há várias pessoas aqui que ainda não conhecem o Senhor", ele disse: "Takk og lov!". Quando eu disse: "Alguns de vocês, se não encontrarem o Senhor Jesus, acabarão no inferno", ele replicou: "Takk og lov". Esse tipo de exclamação mecânica não tem nada a ver com o

Senhor. É um reflexo mecânico; como uma máquina de linguiça fazendo linguiça! Precisamos evitar esse tipo de barulho mecânico a todo custo.

TENHA CERTEZA DE QUE OS OUTROS CONSEGUEM OUVIR QUANDO VOCÊ ORA

É óbvio que, quando oramos, temos necessidade de sermos ouvidos; de outra forma, não tem sentido gastarmos tempo em uma reunião de oração corporativa. Se não conseguimos ouvir algum crente que está orando, isso acabará com a reunião. Quais são as razões que não permitem ouvir aqueles que estão orando?

A primeira razão é a suavidade da voz de algumas pessoas. Se você possui uma voz suave, ajuda muito se ficar de pé para orar. Você não precisa modificar artificialmente sua voz, mas precisa falar mais alto e falar de forma clara. Tenho me admirado nesses anos todos por descobrir que homens fisicamente fortes muitas vezes oram com voz incrivelmente suave. Normalmente, eles falam como uma sirene, alta e claramente, mas quando estão na reunião de oração, você mal consegue ouvi-los. Tenho me perguntado se eles querem apresentar-se diante do Senhor como humildes e modestos. A quem estão querendo enganar? Não a Deus! Use uma voz normal, mas, é claro, uma voz que todos podem ouvir. Se você por natureza tem uma voz suave e não consegue melhorar, não permita que isso o impeça de orar, mas lembre-se de falar mais alto e seja breve, indo direto ao ponto.

A segunda razão é que algumas pessoas põem a mão na boca ou, se estão ajoelhadas, oram com o rosto sobre a cadeira ou sobre o banco. Não há como as pessoas ouvirem você dessa forma. Se você quer ajoelhar-se, e é possível fazê-lo com facilidade, endireite-se quando orar e ore com clareza.

INSENSIBILIDADE

A insensibilidade à direção do Espírito de Deus ou à unção pode ser um grande problema. Às vezes a insensibilidade pode assumir a forma de escravidão à lista de oração, seguindo-a do início ao fim. Por que temos de orar por cada item que foi sugerido? Talvez o Senhor não queira que todos os assuntos sejam apresentados em oração. Alguns dos itens que foram mencionados podem ser levados para casa e podemos orar por eles em nossas orações particulares ou familiares.

Outra evidência de insensibilidade é o medo do silêncio ou da quietude. Assim que surge um momento de silêncio, avançamos para o ponto seguinte, porque não estamos permitindo que a unção nos guie. Há momentos em que um bom "silêncio quacre"[6] pode ser usado pelo

---

[6] Os quacres (inglês: *Quaker*) creem que em uma reunião deve-se ficar em silêncio até que o Espírito Santo mova alguém para falar ou orar (N. do T.).

Senhor para falar conosco. É muito mais fácil termos uma metodologia. Temos uma lista de assuntos e achamos que precisamos tratar de todos eles, um por um. Como dissemos, contudo, alguns desses assuntos podem ser levados para casa e podemos orar por eles ali.

Devemos sempre ser sensíveis ao Espírito de Deus e à Sua direção. Às vezes, com alguns de nós que têm problemas de surdez, há uma tendência de ficar esperando alguém que fale com poder ou claramente para então se manifestar, mas isso pode não ser o Espírito de Deus. Precisamos aprender, mesmo nessa situação, a ser dirigidos pelo Espírito Santo, e Ele nos guiará por caminhos simples e claros.

FALTA DE CONSCIÊNCIA DA PRESENÇA DE DEUS

Não há como chamar isso de mau hábito, mas este é o maior problema da oração corporativa. Se estivéssemos mais conscientes da presença do Senhor, metade dos maus hábitos que temos no ministério de oração seria exterminado e desapareceria. Com a viva consciência da presença do Senhor entre nós, estaríamos livres dos maus hábitos de que falamos. Elias usou várias vezes uma frase a respeito de si mesmo: "... o SENHOR (...) perante cuja face estou..." (veja 1 Reis 17.1, 18.10, 15). Ninguém podia vê-lo parado diante do Senhor. Na verdade, ele talvez estivesse diante do rei Acabe e da rainha Jezabel, ou alguma outra pessoa, mas estava consciente de Deus. Nós precisamos dessa mesma espécie de consciência do Senhor, mesmo que não possamos vê-lO com nossos olhos físicos. O Senhor Jesus está no meio de dois ou três ou mais crentes. Está registrado, em Hebreus 11.27b, que Moisés "permaneceu firme como quem vê aquele que é invisível". Ele teve a mesma experiência que Elias. Foi a consciência que ele tinha da presença do Senhor que o capacitou a perseverar e a vencer. Por meio do Espírito de Deus estamos em contato com o Seu trono. Se estivéssemos de fato conscientes disso, nossas orações seriam revolucionadas, e seríamos mais diretos, sem tantos rodeios. Não acharíamos necessário rodear o assunto, nem explicá-lo com tantos detalhes em oração; iríamos direto ao ponto. Se estivéssemos conscientes de que, quando a Igreja se reúne em oração, na verdade estamos na sala do trono de Deus, na presença de Sua suprema e soberana autoridade e poder, essa consciência mudaria toda a nossa atitude diante dos acontecimentos e problemas que estamos enfrentando. E a percepção da presença do Senhor faria com que nossas reuniões de oração se tornassem poderosamente eficazes e nos libertaria dos maus hábitos que as destroem.

Uma palavra dita aos ouvidos do Rei dos reis e Senhor dos senhores, o Governador dos reis da Terra, é muito mais poderosa do que uma palavra dita aos ouvidos do presidente dos Estados Unidos ou o primeiro-ministro da Inglaterra, ou o presidente da França, ou qualquer outro. O Senhor disse: "Ali, virei a ti e, de cima do propiciatório, do meio dos dois querubins que estão sobre a arca do Testemunho, falarei contigo" (Êx 25.22). Isso era uma figura da sala do trono do Todo-poderoso; era o Santo dos santos. Ele disse: "Ali, virei a ti". Como remidos do Senhor, será que existe privilégio maior do que esse? Essa consciência da presença de Deus, de estar em contato com Seu trono, com certeza revolucionará nossas reuniões de oração corporativa e a forma como oramos em conjunto.

CAPÍTULO **4**

A DIREÇÃO DO ESPÍRITO

Efésios 6.17-18 — Tomai também o capacete da salvação e a espada do Espírito, que é a palavra de Deus; com toda oração e súplica, orando em todo tempo no Espírito e para isto vigiando com toda perseverança e súplica por todos os santos. Judas 20-21 — Vós, porém, amados [no plural], edificando--vos na vossa fé santíssima, orando no Espírito Santo, guardai-vos no amor de Deus, esperando a misericórdia de nosso Senhor Jesus Cristo, para a vida eterna.

Romanos 8.26-27 — Também o Espírito, semelhantemente, nos assiste em nossa fraqueza; porque não sabemos orar como convém, mas o mesmo Espírito intercede por nós sobremaneira, com gemidos inexprimíveis. E aquele que sonda os corações sabe qual é a mente do Espírito, porque segundo a vontade de Deus é que ele intercede pelos santos.

Salmos 133 – *Oh! Como é bom e agradável viverem unidos os irmãos! É como o óleo precioso sobre a cabeça, o qual desce para a barba, a barba de Arão, e desce para a gola [ou bainha] de suas vestes. É como o orvalho do Hermom, que desce sobre os montes de Sião. Ali, ordena o SENHOR a sua bênção e a vida para sempre.*

Não é possível existir oração corporativa autêntica sem o Espírito Santo. Uma reunião de oração sem a Sua presença prática e reconhecida é apenas uma porção de seres humanos exprimindo várias petições. A oração real e efetiva ocorre quando o Espírito Santo inicia, governa, dirige e capacita. É somente Ele quem nos conduz ao lugar onde podemos executar a vontade de Deus aqui na Terra; Seu governo é vital e essencial. Sem Ele não há unção, não há unidade, não existe harmonia e não há condições de saber com quais armas se ganhará a guerra. Sem Ele somos um mero ajuntamento de indivíduos salvos.

Não é que a unção do Senhor não esteja disponível para nós, mas é que não a reconhecemos ou obedecemos. Se o Espírito Santo não está presente, é impossível usar *a espada do Espírito, que é a palavra de Deus*. As armas da nossa guerra não são carnais e funcionam unicamente na presença e por meio da presença de Deus (veja 2 Coríntios 10.4). Essas armas não pertencem à esfera do gênio, do recurso ou da energia humanos. Se Ele não está presente como condutor, líder e regente de toda a reunião de oração, então, por mais que tentemos focar determinados assuntos, jamais chegaremos ao ponto em que o Senhor pode agir. Pode haver muita oração, mas não se chega a lugar nenhum, pois ela está presa na esfera do esforço humano.

Quem, além do Espírito Santo, pode fazer os membros do corpo de Cristo conhecerem a vontade, a mente e o encargo do Cabeça? É somente por meio do Espírito que Cristo pode fazer-nos conhecer a Sua vontade. Como é que o Messias ressurreto e glorificado produz essa harmonia, essa conformidade interior, essa unidade espontânea e orgânica dos membros do Seu corpo, a qual é tão vital à oração corporativa? Unicamente o Espírito de Deus pode fazer isso; não há outra maneira!

A ABSOLUTA SOBERANIA DO ESPÍRITO SANTO NA ORAÇÃO CORPORATIVA

Em Efésios 6.18 nos é ordenado que oremos "com toda oração e súplica, orando em todo tempo no Espírito". Note cuidadosamente as palavras: *orando no Espírito*. Judas também usa as mesmas palavras: "orando no Espírito Santo" (Jd 20). Há uma ideia popular em nossos dias de que orar no Espírito significa unicamente orar em línguas. Não há dúvida de que orar no Espírito *inclui* o orar em línguas. O dom de línguas, quando usado em devoção e intercessão, é uma manifestação do Espírito e é obviamente parte daquilo que significa orar no Espírito. Contudo, dizer que orar no Espírito é *apenas* orar em línguas é totalmente errado e deprecia o seu significado.

Orar no Espírito é um assunto muito mais amplo. Toda oração genuína é *no Espírito*. Ela é feita sob a liderança do Espírito, sob a Sua direção e por Sua capacitação. Seremos tremendamente ajudados se aprendermos isso. A fonte e o poder de toda oração corporativa verdadeira é orar no Espírito. Quando entendemos isso, reconhecemos que a oração corporativa não é simplesmente "o ajuntamento" de seres humanos salvos, expressando seus próprios fardos, petições e sentimentos. É em outra dimensão e debaixo da soberana direção do Espírito de Deus. Isso é orar *no Espírito*.

Se não houver um reconhecimento, por parte de todos, no início do tempo de oração, da Sua soberania, ocorrerá um bloqueio desde o início e uma sombra cobrirá todo o tempo gasto em oração. Não é somente que qualquer Tomé, Ricardo ou Henrique pode apagar o Espírito Santo; às vezes os condutores da oração o fazem. Uma reunião de oração não é uma agradável reunião livre para quem quiser participar. Ela não existe como uma espécie de autoexpressão espiritual, quando você diz a sua parte, eu digo a minha, e isso nos ajuda a todos. Se encararmos a reunião de oração dessa forma, não é de duvidar que não vejamos nada acontecendo, nem consigamos tratar dos assuntos celestiais, nem vencer os principados e poderes e neutralizar a sua influência. A reunião de oração não é nem mesmo uma ocasião para fazer petições conforme o que *nós* achamos ser necessário. O fato de um crente perceber uma necessidade ou sentir necessidade de alguma coisa não significa necessariamente que o próprio Senhor queira que essa necessidade particular seja mencionada nesse momento de oração.

CRISTO, O CABEÇA DO CORPO

O apóstolo Paulo escreveu: "... não retendo a cabeça, da qual todo o corpo, suprido e bem vinculado por suas juntas e ligamentos, cresce o crescimento que procede de Deus" (Cl 2.19). Descobrimos, nessas palavras, o sentido básico da Igreja.

Cristo é o Cabeça do corpo, que é a Igreja (veja Colossenses 1.18 e Efésios 1.22-23). Repetidamente, isso é enfatizado no Novo Testamento. A frase *o cabeça do Corpo* não aparece no Antigo Testamento. Ela foi apresentada pelo Espírito de Deus no Novo Testamento, com tremendo significado e sentido; ela tem muito a ver com o novo Homem de Deus.

Quando cada membro está ligado firmemente ao Cabeça, descobrimos o corpo. Não é possível descobrir o corpo de Cristo tentando ligar-se firmemente ao corpo. Quando nos centramos na Igreja e não em Cristo, perdemos a Igreja real e acabamos sendo apenas uma estrutura. Ficamos apenas com o sistema, o padrão, a metodologia. Conhecemos pouco e experimentamos menos ainda do coração e sentido da Igreja, que é Cristo! Quando estamos ligados firmemente ao Cabeça, experimentamos o corpo em vida e função. É óbvio que sem Cabeça o corpo não pode funcionar. Ele está morto! Quando a Igreja não está ligada firmemente ao Cabeça, ela precisa recorrer à sua própria energia natural e aos seus métodos naturais. Isso produz um sistema e uma organização capaz de continuar estando o Senhor ali ou não.

O que significa essa verdade fundamental se o "Cabeça" não representa a mente e a vontade do Senhor Jesus? A finalidade de uma cabeça não é ficar vazia! A inteligência de uma pessoa está localizada na sua cabeça. É ali que a pessoa pensa, e da cabeça ela expressa sua vontade e suas intenções. Essa afirmação singular, que o Senhor é o Cabeça do corpo, significa que é d'Ele que vem toda a nossa inteligência e nosso entendimento espirituais. É o Espírito Santo que torna a liderança de Cristo uma realidade viva para os membros do corpo. Não temos como conhecer a mente ou a vontade de nosso Cabeça a não ser por meio do Espírito Santo. É trabalho d'Ele revelar e iluminar a mente e a vontade do Senhor para nós e então capacitar-nos a executá-la aqui na Terra.

Há muitos crentes que pensam na liderança de Cristo como costumamos pensar em um presidente, ou um primeiro-ministro, ou um diretor de um hospital, ou um reitor de universidade. Ele é o Cabeça, nós somos a diretoria. Mas não é isso que é dito no Novo Testamento.

Ninguém nunca viu um corpo *vivo* sem cabeça, nem uma cabeça *viva* sem corpo; ambos são um todo orgânico! Um não pode existir sem o outro. É somente o Espírito Santo que pode administrar a comunicação vital e estratégica do Cabeça com o corpo.

Por essa razão, é extremamente importante que reconheçamos, obedeçamos e comecemos a experimentar a liderança de Cristo por meio do Espírito. Daí os crentes mais novos aprenderão lições que lhes serão úteis por toda a sua vida nesta Terra decaída e para o serviço por toda a eternidade. Na oração corporativa aprenderemos a distinguir entre alma e Espírito, aprenderemos a discernir e entender o governo de Deus e a discernir a Sua direção. Essas são todas lições fundamentais e práticas que precisamos aprender.

A oração corporativa ilustra esse princípio vital e essencial mais do que qualquer outro aspecto da vida do povo de Deus. Em uma reunião de oração pode-se identificar o estado de saúde de uma Igreja. Em outras palavras, torna-se claro, através da reunião de oração corporativa, se o Cabeça e o corpo estão funcionando como devem ou não. Quando existe a direção e a unção do Espírito de Deus, quando existe harmonia e coesão, há realização. O corpo de Cristo desenvolve-se com um crescimento vindo de Deus. Se nos apegamos firmemente ao Cabeça, há um suprimento da Sua vida e poder; existe equipamento espiritual; há a manifestação do Espírito para o bem de todo o corpo e para o seu crescimento. O Cabeça, por meio do

Espírito Santo, é capaz de executar e efetuar a Sua vontade por meio do Seu corpo na oração corporativa. Esse tipo de oração, então, torna-se uma experiência estimulante.

Em uma reunião de oração corporativa o Espírito de Deus é como o regente de uma orquestra, e todos os membros dela precisam manter os olhos n'Ele. Não é bom manter apenas o instrumento nas mãos e a pauta musical diante dos seus olhos; você precisa manter os olhos n'Ele também. Se você não mantém os olhos no regente e na sua batuta, toda a sinfonia do concerto terminará em desarmonia. O Espírito Santo está nos conduzindo à harmonia (sinfonia); Ele está nos unindo uns aos outros. Se mantivermos os olhos n'Ele, cada um de nós terá uma parte para tocar na reunião de oração. Se estivermos inteiramente com Ele, apresentaremos aquilo de que Ele nos incumbe, à medida que Ele dirige.

Mesmo que na prática não colaboremos na reunião de oração, podemos ser uma parte viva dela. Algumas pessoas se esconderão atrás dessa afirmação dizendo: "Estou muito agradecido porque ele escreveu isso, pois nunca participo, ou faço isso apenas raramente. Acho que o regente nunca vai apontar a batuta na minha direção". É desnecessário dizer que o Senhor é um perfeito cavalheiro, e se você diz: "Eu não quero participar desta sessão, Senhor", Ele vai desconsiderar você. Ele nunca vai incluí-lo se você não está disposto. Precisamos aprender a superar nossa relutância e contribuir com aquilo que recebemos do Senhor, sob a direção do Espírito de Deus. Às vezes cometeremos erros e aprenderemos com eles. Se não for assim, não seremos de fato qualificados para o serviço eterno para o qual Deus está tentando treinar-nos. Cada um de nós tem alguma coisa para contribuir e, se não damos aquilo que temos, não aprenderemos. Quando todos obedecemos ao Espírito Santo em uma reunião de oração corporativa, haverá propósito, harmonia e coesão. É isso que significa orar no Espírito — estamos debaixo da Sua direção. Se estamos sob a Sua direção e liderança e colaboramos mediante o Seu poder despertador e capacitador, haverá harmonia, coesão e realização nesse tempo de oração.

O PROPÓSITO DO TEMPO DE ORAÇÃO

O Senhor Jesus ensinou os discípulos a orarem assim: "... venha o teu reino; faça-se a tua vontade, assim na terra como no céu..." (Mt 6.10). Como corpo de nosso Senhor Jesus, o alvo e propósito da oração corporativa é fazer com que a vontade de Deus seja feita aqui na Terra assim como ela é feita no céu. Como corpo do Messias, em união com o Cabeça, por meio do Espírito Santo, é nossa tarefa trazer o trono de Deus ou o Seu governo para as situações deste mundo decaído.

Por essa razão, é óbvio que precisamos primeiro discernir qual é a vontade de Deus em qualquer situação ou circunstância – seja familiar, local, nacional ou internacional. Não temos como agir enquanto não chegamos a uma conclusão comum quanto ao que seja a vontade do Pai. Em outras palavras, sem essa concordância sobre a vontade de Deus não podemos usar as chaves do reino do céu. Essas chaves devem sempre ser usadas corporativamente e em comunhão com outros irmãos. É tolice quando ouvimos algum crente sozinho tentando usar as chaves do reino, sem nenhum conhecimento do que é a vontade de Deus ou sem nenhuma consideração para com os outros membros de Cristo.

Suponhamos que estamos envolvidos em uma evangelização e de repente nos vemos cercados pelos poderes das trevas; o que devemos fazer? Podemos pregar com mais fervor e mais alto, pensando que isso seja a solução; ou podemos decidir mudar a organização do tempo. Qualquer coisa que fazemos, constatamos que o bloqueio espiritual continua ali. A verdadeira solução é que os obreiros precisam retirar-se para trás do cenário e trazer o trono de Deus ou o Seu reino para tratar da situação.

Afinal, é possível que Satanás e suas hostes bloqueiem a obra de Cristo? Podem as portas do inferno prevalecer contra a obra de edificação do Senhor Jesus, em flagrante contradição às Suas palavras: "... sobre esta pedra edificarei a minha igreja, e as portas do inferno não prevalecerão contra ela" (Mt 16.18)? Muitas vezes tem-se visto esse bloqueio crescer, e o povo de Deus considerando extremamente difícil rompê-lo. Um simples apelo ao Senhor não acaba com um ataque violento desses. Contudo, no momento em que declaramos que Jesus é o Senhor e insistimos que o trono de Deus tem a palavra final na situação, vemos o domínio de Satanás perder as forças, e quebra-se o bloqueio.

Podemos deparar-nos com todo tipo de situação e problema complexos na família, nos negócios e no dia a dia. Pode ser que nos deparemos com obstáculos enormes em nossa vida comunitária como povo de Deus, ou como obreiros na Sua obra. Em outra dimensão da oração corporativa existem as situações nacionais e internacionais. Na oração-modelo que o Senhor Jesus nos deu, somos ensinados a orar assim: "... venha o teu reino; faça-se a tua vontade, assim na terra como no céu...". É claro, a manifestação final e gloriosa do reino de Deus ainda está por vir, e aguardamos isso com alegria. Contudo, nosso trabalho na oração corporativa é fazer a Sua autoridade do reino manifestar-se em nossos problemas, situações e circunstâncias – situações muitas vezes geradas e manipuladas pelos poderes das trevas. É à medida que declaramos a vontade de Deus a respeito desses problemas e situações que enfrentamos que se quebra o poder do inimigo e se realiza a vontade de Deus.

No centro do reino de Deus está o Seu trono. É "o reino de nosso Senhor e do seu Cristo" (Ap 11.15). O Pai disse ao Filho: "Assenta-te à minha direita, até que eu ponha os teus inimigos debaixo dos teus pés. O SENHOR enviará de Sião o cetro do seu poder, dizendo: Domina entre os teus inimigos" (veja Salmos 110.1-2). Não há dúvida sobre a entronização de nosso Senhor Jesus à direita do Pai ou a respeito da Sua vitória total. Não há nada que Satanás ou os poderes das trevas possam fazer a esse respeito. A única coisa que podem fazer é *nos* atacar. Precisamos declarar e proclamar a majestade de Jesus e que em Suas mãos está toda a autoridade e todo o poder nos céus e na Terra. Ele venceu, e convém "que ele reine até que haja posto todos os inimigos debaixo dos pés" (1 Co 15.25). É essa vitória gloriosa de nosso Senhor Jesus que precisamos aprender a declarar e proclamar.

A UNÇÃO DA REUNIÃO DE ORAÇÃO

As pessoas viajam muitos quilômetros para ouvir alguém que está ungido, pois todo crente sabe a necessidade que tem de pregadores, líderes ou obreiros cristãos ungidos. Porém, bem poucas pessoas veem a necessidade de uma unção sobre uma reunião. É digno de nota que sob a Antiga Aliança vemos que todos e tudo que Deus usava precisava ser posto à parte e ungido – o rei, o sacerdote, o profeta e o levita precisavam todos ser ungidos.

Os crentes muitas vezes desconhecem que toda a mobília do tabernáculo e do templo precisava ser ungida da mesma forma que o rei, o profeta e o sacerdote eram ungidos (veja Êxodo 30.26). Mesmo a tenda da congregação, onde Deus Se encontrava com Seu povo, precisava ser ungida. Disso aprendemos que há uma unção para nossas reuniões com Deus e as Suas reuniões conosco!

Sob a Antiga Aliança a unção era o sinal divino de que alguém ou alguma coisa havia sido separada para o Seu uso. Não podia haver envolvimento da carne nisso tudo. É por isso que foi estabelecido o seguinte a respeito do óleo da unção, em Êxodo 30.32: "Não se ungirá com ele a carne do homem, nem fareis outro semelhante conforme a sua composição; santo é e será santo para vós" (Almeida Revista e Corrigida). O apóstolo Paulo também escreve a respeito da guerra espiritual na oração corporativa: "... embora andando na carne, não militamos segundo a carne" (2 Co 10.3). Há uma unção para as reuniões do povo de Deus, e em particular quando consideramos a reunião de oração. A carne não deve participar dessa reunião. Esse não é lugar para a esperteza ou criatividade do homem, ou para suas ideias e opiniões — nem mesmo para a habilidade ou recursos humanos. Esse tempo precisa ser separado inteiramente para o Senhor. Mesmo quando nos reunimos para oração corporativa em ambiente secular, precisamos santificar e purificar o lugar da reunião em nome do Senhor antes de usá-lo para esse tipo de oração.

Encontramos no salmo 133 muita coisa que nos ensina a respeito dessa unção: "Oh! Como é bom e agradável viverem unidos os irmãos!". Isso não é uma experiência passageira de unidade por um tempo determinado. Essa bênção e a graça e o poder que acompanham essa unidade são para aqueles que *andam em unidade*. Esse viver em unidade "é como o óleo precioso sobre a cabeça, o qual desce para a barba, a barba de Arão, e desce para a gola de suas vestes". Lembro-me da primeira vez que li esse salmo. Pensei que era um salmo esquisito — cabeças e barbas e bainhas de vestes, e óleo sendo derramado sobre tudo isso. Depois ele fala do orvalho do Hermom descendo sobre o monte Sião. Esse salmo, na verdade, vai direto ao centro do assunto. Arão, como sumo sacerdote, é a figura perfeita do Messias Jesus como nosso Sumo Sacerdote. O óleo é um símbolo do Espírito Santo sendo derramado sobre a cabeça d'Ele, nunca tocando a Sua carne, escorrendo-Lhe pela barba, sobre as vestes do Sumo Sacerdote, chegando até a bainha. Nosso andar em unidade só pode perdurar e funcionar de forma prática sob a unção do Espírito de Deus. Cada um dos membros do corpo de Arão estava incluído nessa unção. Era da cabeça até a bainha das suas vestes. Isso é tudo que precisamos para crer que há uma experiência do Espírito Santo que cada crente precisa provar. Todos nós precisamos experimentar a unção.

Um dos títulos de nosso Senhor Jesus é Cristo, que é a tradução da palavra grega *Christos*. E a palavra hebraica *Maschiach* quer dizer Messias. Tanto o grego quanto o hebraico significam "O Ungido". O que significa estar *em*

Cristo? Significa que estamos no Ungido. Há uma unção para você, em Cristo. Esse é o significado do Pentecostes. Quando o Senhor Jesus foi assunto ao céu, Ele sentou-Se à direita do Pai, recebeu d'Ele a promessa do Espírito e derramou-O sobre o Seu corpo. O óleo da unção desceu do Cabeça, o Senhor Jesus, sobre cento e vinte membros do Seu corpo, e cada um deles foi salvo e entrou nessa união com Ele e nessa unção que era deles. Essa unção foi tão poderosa, que em poucas horas três mil pessoas foram salvas! Aquilo que, normalmente, teria demorado semanas ou meses ou anos em evangelização, com a unção demorou uma ou duas horas. Isso é uma censura a muito trabalho e testemunho cristãos. Sem a unção, o que temos é trabalho duro e pouco resultado. Com a unção, conseguimos executar a vontade e o propósito de Deus.

Isso tem ligação estreita com nossas reuniões de oração. Não há nada que seja tão prejudicado por nossas opiniões e sentimentos do que essas reuniões de oração. Contudo, a Palavra de Deus afirma categoricamente: "Não se ungirá com ele [o óleo] a carne do homem...". Temos de reconhecer que o tempo de oração corporativa é separado unicamente para o propósito de Deus. Há uma unção para toda e qualquer reunião de oração. Se nos reuníssemos sete vezes por semana, haveria uma unção renovada para cada uma das reuniões. Todo o valor da reunião, do início até o fim dela, depende de como todos os líderes e o povo também permanecem nessa unção.

O salmo 133 proclama: "Ali, ordena o SENHOR a sua bênção e a vida para sempre". Quando ocorre uma reunião de oração que está sob a unção, ali há vida, e ela flui o tempo todo. É semelhante ao orvalho descendo do Hermom. O vento frio do norte e o vento quente do sul se encontram sobre os montes de Sião, e então desce o orvalho. Normalmente, Jerusalém fica sem chuva por sete meses no ano, por isso conta, nos meses de verão, com esse orvalho espesso. Quando estamos em oração corporativa, todos na unção e seguindo a direção do Espírito, há um orvalho restaurador e renovador do Espírito. Talvez cheguemos à reunião esgotados, mas sairemos revigorados e renovados. O tempo de oração pode ser uma batalha, mas no final sairemos aliviados. Muitas vezes, em reuniões de oração destituídas de unção, chegamos esgotados e saímos quase mortos! Parece que envelhecemos muitos anos naquele espaço de tempo. A razão por que isso ocorre é que não reconhecemos a unção nem obedecemos a ela, por isso não há orvalho nem vida para sempre. Poucos crentes são capazes de reconhecer quando essa bênção de vida eterna foi sufocada. Nós simplesmente avançamos em nossa rotina de oração.

Faz parte da nossa educação espiritual aprender a discernir e permanecer sob a unção. Se o encargo de Cristo por alguma reunião específica de oração está centrado no Nepal, não é bom orar pelo Laos. Talvez alguém tenha recebido recentemente uma carta do Laos, com uma necessidade urgente, e crê fortemente que temos de orar por aquele país. Mas se o encargo do Senhor para aquela reunião é pelo Nepal, descobriremos que, quando obedecemos à direção do Espírito, o Senhor também atende aos problemas e necessidades no Laos.

UM EXEMPLO DE ORAÇÃO SEM UNÇÃO

Vários anos atrás ministrei uma Escola de Oração nos Estados Unidos. Em uma das sessões práticas de oração, estávamos orando por determinado irmão apóstata. Achei espantoso que embora eu não tivesse falado nada sobre ele e as pessoas que oravam não o conhecessem nem as suas circunstâncias, era como descascar uma cebola; pouco a pouco eles chegaram ao coração do problema. Foi por meio da direção do Espírito; era a unção funcionando!

Um pouco mais cedo naquele dia alguém havia mencionado o nome de uma querida irmã, que estava muito doente. Conversamos sobre ela por uns dez minutos no começo da reunião de oração. Quando a reunião começou, oramos com grande poder por aquele irmão desviado. Então, de repente, um missionário idoso orou dizendo: "Como podemos orar por outros assuntos quando nossa querida irmã está tão doente". Daquele momento em diante a reunião de oração tornou-se uma das piores de que eu já havia participado. As reuniões anteriores a essa Escola de Oração haviam sido momentos de oração genuína e instrução prática, mas essa reunião deu um mergulho, e todos nós estávamos atrapalhados, sem rumo. O nome daquela senhora foi mencionado por uma pessoa e por outra, passando de um lado para outro da sala.

A essência da questão era uma briga entre os que criam que ela tinha de ser curada instantaneamente e os outros que pensavam que ela deveria ser curada unicamente se isso fosse a vontade de Deus. Era uma guerra teológica! Em vez de apontar suas armas para o inimigo, eles apontavam uns para os outros. Finalmente, um irmão, dirigindo-se ao Senhor, disse: "Tu és um mentiroso se não a curas". Era o que faltava para os do outro lado! Uma irmã, horrorizada, disse: "Como é que temos a ousadia de dizer ao Senhor que Ele é um mentiroso!". Trovejamos aos círculos, em uma confusão imensa, difícil de aguentar. Por fim, um irmão disse: "Oh, Senhor, nós caímos de cara no chão; ajuda-nos". Eu terminei a reunião com uma oração: "Se for possível, Senhor, abençoa essa bagunça". Daí saímos para almoçar. Na verdade, essa reunião de oração, por fim, tornou-se um dos momentos mais maravilhosos de instrução para todos os que participaram dela. Quando retornamos, foi tremendo.

Enquanto almoçávamos, recebemos um telefonema. Nossa querida irmã tinha ido para o Senhor naquela manhã, às oito horas, bem antes que a reunião de oração tivesse começado. Com toda certeza, não tínhamos sido dirigidos pelo Espírito, pois ela já estava com o Senhor. Eu mal podia esperar o começo da próxima reunião. Eu disse: "Para mim está claro que vários de vocês, queridos irmãos e irmãs, devem ser católicos, pois gastamos muito tempo na última reunião orando pelos mortos. Nossa irmã já estava na presença do Senhor às oito da manhã!".

Essa é uma ilustração de como os sentimentos e emoções podem tomar o lugar da unção do Espírito Santo. Foi a carne que operou na reunião daquela manhã. A unção e a direção do Espírito Santo na oração corporativa não são apenas um assunto referente ao governo de Deus; são um assunto da disciplina de Deus. Precisamos ser disciplinados de forma prática pelo Espírito de Deus, e muitas vezes uns pelos outros. Nós só aprendemos se estivermos dispostos a cometer erros. Às vezes aprendemos mais com um erro cometido do que por qualquer outro meio. Tudo está bem enquanto aprendemos com os erros que cometemos. Mas alguma coisa está radicalmente errada se cometemos repetidamente o mesmo erro.

QUESTÕES PRÁTICAS

Primeira: Precisamos prestar atenção para que o Espírito Santo nos dirija não apenas no início, mas durante toda a reunião de oração.

Segunda: Os irmãos responsáveis por liderar a reunião de oração devem sempre buscar a liderança de Cristo sobre a reunião antes que comece. Nunca comecem uma reunião de oração sem que dois ou três irmãos se acheguem diante do Senhor e declarem que Jesus Cristo é o Senhor daquele tempo e que foi feito Cabeça sobre todas as coisas para nós.

Terceira: Precisamos aprender a saber quando orar e quando parar de orar. Isso pode não ser sempre fácil quando, depois de uma grande batalha, alguém abriu a boca em oração e está motivado a orar. É triste quando as pessoas não conseguem parar e são incapazes de perceber que a unção se afastou delas. Precisamos aprender quando orar e quando parar de orar.

Quarta: Precisamos aprender a avaliar quando um assunto está resolvido e quando a unção está passando para outro. Não pense que todo e qualquer assunto apresentado em uma reunião de oração precisa ser resolvido ali. Isso pode ser um modo legalista de ver as coisas. É muito mais fácil agir baseado em regulamentos ou métodos do que ser dirigido pelo Espírito. Há ocasiões em que o Senhor guia a uma questão e várias pessoas podem orar por ela apresentando-a de diversos ângulos. Daí o Senhor pode dizer: "Esqueçam isso; por hoje é o suficiente; voltaremos a ela em outra ocasião".

Há pessoas que pensam em rodear Jericó até que as muralhas caiam. Contudo, não serão bem as muralhas que vão cair, mas você é que se desgastará na oração, pois não está sob a direção de Deus. Veja bem o que o Senhor disse a Josué e ao povo de Israel. Eles tinham de rodear as muralhas de Jericó uma vez por dia durante seis dias, e no sétimo dia deveriam rodeá-las sete vezes. Se no primeiro dia rodeassem os muros várias vezes, isso não teria sido bom para eles, pois o Senhor não tinha ordenado isso. Eles teriam acabado com muitas bolhas e feridas nos pés, e mesmo assim as muralhas não teriam vindo abaixo.

É verdade que quando os filhos de Israel chegaram ao rio Jordão os sacerdotes que carregavam a arca puseram os pés na água do rio, e esta imediatamente parou, e eles o atravessaram. Fizeram exatamente o que o Senhor lhes ordenara, pois Ele tinha dito: "Todo lugar que pisar a planta do vosso pé... será vosso" (Dt 11.24). Eles obedeceram com exatidão ao Senhor, com obediência e fé viva, e a promessa de Deus se cumpriu. Quando se aproximou para tomar Jericó, o povo poderia ter dito entre si: "Por que temos de rodear os muros de Jericó uma vez por dia durante seis dias e sete vezes no sétimo dia? Por que Josué está sem fé? Tudo o que temos de fazer é obedecer à palavra do Senhor!". A verdade é que precisamos seguir a orientação do Senhor. No rio Jordão a vitória foi imediata, mas em Jericó demorou sete dias. O que devemos destacar é a direção do Espírito de Deus. É essencial seguir a Sua direção. É pela fé e pela paciência que herdamos as promessas.

Quinta: Aprenda a avaliar quando um assunto está resolvido e esteja pronto a apresentar um novo sob a orientação do Espírito. Cuidado para não avançar servil e mecanicamente por todos os itens apresentados para a oração. Esteja atento e seja sensível ao Espírito de Deus.

Sexta: Precisamos aprender a reagir quando se apresenta algum assunto que não está sob a unção. Quando alguém começa a orar e não temos, em nosso espírito, um testemunho de que aquilo está certo, precisamos buscar o Senhor para nos trazer de volta à unção. Pode ser uma pequena mensagem, ou uma oração horizontal, ou apenas uma longa oração sem vida. Não pense que é o fim e não desista. Talvez o Senhor queira ensinar você através desse tipo de erro. Às vezes nossas reuniões de oração seguem em um ziguezague; em uma hora estamos no caminho certo, em outra hora estamos fora dele. Contudo, o Senhor pode considerar que foi uma boa reunião de oração, pois basicamente nos mantivemos no bom caminho, e no final fomos embora sob a unção.

Sétima: Seja cuidadoso para não permitir que os sentimentos dirijam seu senso de prioridades. As emergências aparentes podem surgir e exigir atenção imediata. Se o Senhor nos direciona para tratá-las, devemos fazer isso. Também há ocasiões em que o Senhor não nos direciona para fazê-lo, e temos de ouvi-lO em todo tempo.

Oitava: Temos de prestar atenção com bastante cuidado a todos os assuntos sugeridos para oração. Lembre-se de que são apenas *sugestões*. É nossa responsabilidade buscar o Senhor para saber em que Ele quer que nos concentremos, ou mesmo estar atentos à possibilidade de Ele querer apresentar um assunto que não foi sugerido.

Nona: Oportunamente, aqueles que são responsáveis pela liderança devem estar atentos à necessidade de encorajamento e também de correção. Quando há pessoas que falham repetidas vezes, então será necessária uma palavra de correção. Por outro lado, quando alguém é realmente um canal que traz vida a uma reunião de oração, essa pessoa deve ser encorajada. É muito comum que a pessoa atenta e sob a unção se sinta desencorajada, ao passo que a pessoa que com frequência comete erros avança como um tanque de guerra.

Por último: Lembre-se de que *todos* nós somos discípulos. Estamos *todos* aprendendo na Escola de Oração.

CONHEÇA OS ASSUNTOS DOS PRÓXIMOS VOLUMES DESTA OBRA

Volume 2
    5- Vigiar e orar
    6- A manifestação do Espírito
    7- O lugar da Palavra na oração corporativa

Volume 3
    8- Realizar a vontade de Deus na oração
    9- Impedimentos à oração
    10- O ministério da intercessão

Volume 4
    11- O chamado à intercessão
    12- O desafio e o custo da intercessão corporativa
    Epílogo